Harald Polenz

Götter, Gräber, Grubengold

Archäologie im Ruhrgebiet

Titelbild: Gesicht aus Bein mit Glasaugen besetzt aus dem römischen Gräberfeld von Haltern aus dem 1. Jahrhundert.

Die Deutsche Bibliothek – CIP-Einheitsaufnahme

Polenz, Harald:
Götter, Gräber, Grubengold : Archäologie im Ruhrgebiet / Harald Polenz. - 1. Aufl. - Essen : Klartext, 2000
ISBN 3-88474-901-3

1. Auflage, Oktober 2000
Satz und Gestaltung: Klartext Verlag
Druck und Bindung: Koninklijke Wöhrmann, Zutphen (NL)

ISBN 3-88474-901-3

Inhalt

Das Fenster in die Vergangenheit einen Spalt breit öffnen …

Auf dem Trajansforum in Rom ließ der Senat eine 30 Meter hohe Säule aus zwanzig riesigen Blöcken Carrara-Marmor errichten. Die Bildhauer stellen auf dem spiralförmigen Relief, das die Säule umgibt, Szenen aus den Dakischen Kriegen dar. Kaiser Trajan, sein offizieller Name lautete Imperator Caesar Divi Nerva Filius Traianus, besiegte mit seinen Legionen das Volk der Daker, das auf dem Gebiet des heutigen Rumänien lebte. Zwischen den Jahren 101 und 105 wurden die Daker unterworfen, Trajan in Rom mit blutigen Spielen im flavischen Amphitheater gefeiert. Die Trajanssäule in Rom liefert eine der aufschlussreichsten Bilddokumentationen zum römischen Militärwesen. Es ist möglich, dass einer der Soldaten, die auf der Säule abgebildet sind, ein Legionär vom Niederrhein war und zwar des Teils vom Niederrhein, den wir zum Ruhrgebiet zählen. Dieser Soldat diente in der 10. Legion, die nördlich des heutigen Xanten in Nimwegen stationiert war. Er starb an der Donau als Veteran und gibt auf seinem Grabstein, den Archäologen entdeckten, als seine Vaterstadt „Colonia Ulpia Traiana“, also Xanten, an. So kann man mit ein wenig Phantasie auf dem Trajansforum in Rom provinzialrömischer Ruhrgebietsgeschichte begegnen.

Trajan gründete die römische Stadt am Niederrhein in der Nähe des großen, schon aus der Zeit des Augustus stammenden Militärlagers Vetera. Von diesem Punkt ausgehend zogen die Legionen auf die andere Seite des Rheins, oftmals entlang der Lippe, in den freien Teil Germaniens, um ihn in eine römische Kolonie umzuwandeln. Diese Bemühungen scheiterten lange Zeit vor Trajan, im Jahr 9 n. Chr., in der Schlacht am Kalkrieser Berg zwischen dem römischen Statthalter Publius Quinctilius Varus und dem Anführer einer germanischen Guerillaarmee unter Führung des Cheruskers Arminius. In diesem Zusammenhang spielten die römischen Niederlassungen im Ruhrgebiet schon eine bedeutende Rolle. Varus führte von Vetera aus seine Legionen die Lippe entlang bis ins Militärlager in Haltern und von dort in den Niedergang. Zum ersten Mal stand unsere Region im Blickpunkt bedeutender weltpolitischer Ereignisse.

Die Archäologie machte sie für uns lesbar. Durch die Forschungen, die in den letzten beiden Jahrhunderten des vergangenen Jahrtausends ihren Anfang nahmen und im gerade beginnenden Jahrtausend ihren Fortgang nehmen, konnten wir erfahren, was sich vor unserer Zeit an alltäglichem und politischem Geschehen ereignete. Ein spannendes Unterfangen, in eine Zeit zu schauen, die uns verborgen bleiben würde, wenn nicht die Archäologie das Tuch, das sie verdeckte, entfernen würde.

Es gibt spektakuläre und weniger spektakuläre Dinge, die der Boden freigibt. Doch auch die kleinen, scheinbar nebensächlichen Funde sind Teile eines Puzzles, die unser Bild von der Geschichte des Ruhrgebietes, als es noch kein Ruhrgebiet war, vervollkommnen. Als der britische Archäologe Howard Carter endlich vor dem Goldsarkophag des Pharaos Tut anch Amun stand, sich seine Begleiter hinter ihm vor Aufregung verzehrten und endlich einen Blick auf den Pharao selbst werfen wollten, sammelte der umsichtige Carter zuerst die Perlen einer Kette auf, die wohl bei der Bestattung zerrissen worden war. Erst dann wies er die Arbeiter an, den Goldsarkophag zu öffnen. Über den Schatz, der alles überstrahlt, sollten sie die Details nicht aus den Augen verlieren: „Jeder Stein ist ein Buch“, oder jede Scherbe, jede Perle.

Ich will noch ein persönliches Erlebnis anführen, in dessen Mittelpunkt keine wertvolle Keramik oder etwa goldener Schmuck stand, sondern ein maximal 1,5 Zentimeter langer Feuerstein.

Auf einigen Äckern in der Umgebung waren steinzeitliche Werkzeuge gefunden worden. Ich machte mich an einem warmen Spätsommertag auf den Weg und begann, diese Äcker, die in einer Publikation beschrieben worden waren, abzusuchen. Das heißt, man geht gebeugten Hauptes Stunde um Stunde den Acker ab und behält den Boden im Blick, bis die Augen tränen. Der Nachmittag neigte sich bereits dem Abend entgegen und ich hatte nichts entdecken können. Mein Auto stand in einem Feldweg nahebei. Während ich enttäuscht zum Wagen zurückschlenderte, blieben

Recherche vor Ort: Autor Harald Polenz und die Grabungsleiterin des Archäologischen Parks Xanten, Sabine Leih, auf einem römischen Straßenbelag des 1. Jahrhunderts.

die Augen immer noch auf die Feldränder gerichtet. Und ich kam mir vor, wie jemand, der die sprichwörtliche Stecknadel im Heuhaufen findet: Da lag tatsächlich eine dreieckige, kunstvoll behauene Pfeilspitze aus Feuerstein! Sie war jungsteinzeitlich, ungefähr 4.000 Jahre alt. Wer mochte sie verloren oder eventuell bei der Jagd verschossen haben? Wo wohnte der unbekannte Besitzer der Pfeilspitze, befand sich sein Haus, sein Dorf in der Nähe, verborgen unter den Feldflächen? Welches Wild hatte er gejagt und hatte er eine Familie? Dieser kleine, behauene Stein löste eine Flut von Fragen aus. Ich halte den Fund sorgfältig verwahrt und in großen Ehren, öffnet er doch das Fenster in die frühe Geschichte um einen winzigen Spalt, durch den ich in diese Zeit sehen kann, deren Spuren ausgelöscht oder verborgen sind. Archäologen sind in der Lage, das Fenster weiter zu öffnen. In den folgenden Kapiteln schauen wir den Forschern über die Schulter durch die Fenster in vergangene Zeiten, begegnen Göttern, Gräbern und der Geschichte des schwarzen Goldes, die im Ruhrgebiet eine besondere Rolle spielt. Wir schauen über eine Meereslagune bei Hagen und entdecken dabei die ältesten Insekten der Welt; wir verfolgen einen Höhlenlöwen auf der Pirsch in der eiszeitlichen Emscheraue, verweilen vor einem „Hünengrab“ bei Dorsten und wandeln zwischen den Gräbern der vorrömischen Eisenzeit bei Dortmund: In Bochum besuchen wir das Haus eines eisenzeitlichen Bauern, speisen in einer römischen Taverne in Xanten und besuchen den Tempel des Hafengottes. In der Phantasie sehen wir den Legionen zu, die sich in Haltern auf einen Feldzug in den Sümpfen und Wäldern Germaniens vorbereiten, und besuchen schließlich den Ort, an dem sie eine schreckliche Niederlage erlitten, die den Kaiser Augustus im fernen Rom in einen solchen Zorn versetzte, dass er sein kaiserliches Haupt gegen die Wand stieß und den berühmten Satz sagte: „Varus, gib mir meine Legionen wieder!“

Die Archäologie bringt uns näher an unsere Zeit: Spuren frühen Bergbaus entdecken wir im Muttental in Witten und rund um den Baldeneysee in Essen.

Geschichte im Ruhrgebiet, von Archäologen an den Tag gebracht, wird zum Freizeiterlebnis. Dieses Buch schlägt Museumstouren vor, einen Wochenendtrip ins Tal der Steinzeitmenschen, Wanderungen auf „Archäologischen Pfaden“ und den Besuch in der Ausgrabung. Selbst der Restauranttipp, essen auf römische Art, fehlt nicht. Dazu gibt es Telefonnummern und Internetadressen zum Thema. Dieses Buch erhebt nicht den Anspruch der Vollständigkeit. Nicht alle Ergebnisse archäologischer Forschung konnten berücksichtigt werden.

Tropische Insekten versanken in der Lagune von Hagen-Vorhalle

1.

In eine Zeit zu schauen, die nie ein Mensch gesehen hat, weil es die Spezies Homo sapiens noch nicht gab, gehört zu den spannendsten Kapiteln der Forschung. Mit den Mitteln der Archäologie gelingt dieser faszinierende Blick. Auch die Paläontologen, das sind die Wissenschaftler, die den Zeugen der Entwicklung des Lebens auf der Spur sind, bedienen sich der Ausgrabungstechniken der Archäologie. Zudem erreichte durch den Bergbau die geologische und paläontologische Forschung einen Kenntnisstand wie kaum irgendwo sonst. In den zu Stein gewordenen Hinterlassenschaften von längst untergegangenen Meeren und Festländern sind Pflanzen und Tiere jener unvorstellbar lange zurückliegenden Epochen erhalten geblieben. Eine der spektakulärsten Grabungen der Paläontologen fand zwischen 1990 und 1997 in einem stillgelegten Ziegeleisteinbruch in Hagen-Vorhalle statt, bei der die ältesten und besterhaltenen Insekten der Welt gefunden wurden.

Die lebende Insektenbevölkerung der Erde wird auf eine Trillion geschätzt. Sie sind die eigentlichen Gewinner der Evolution. Nach der Artenzahl übertreffen sie alle anderen Organismen unseres Planeten.

Immerhin läßt sich der Stammbaum der expansiven Tierklasse bis in das erdgeschichtliche Zeitalter des Devon, also rund 400 Millionen Jahre, zurückverfolgen.

Flügellose Insekten, den heutigen Springschwänzen ähnlich, sind aus dieser Zeit bekannt. Achtzig Millionen Jahre später, im oberen Karbon, aufgeteilt in einen flözleeren und einen flözführenden Abschnitt, besitzen mehrere Insektenarten bereits Flügel. Exemplare, die sowohl mit primitiven als auch komplizierten Flügelmechanismen nebeneinander existieren konnten.

Es war einem passionierten Sammler vorbehalten, dieses Fenster in das flözleere Oberkarbon, Namur B genannt, zu öffnen. Mit dem Fund eines Geißelskorpions leitete der Lehrer Lutz Koch die Jagd nach den ältesten und besterhaltenen geflügelten Insekten des Erdaltertums ein. Seit 1990 betreute das Westfälische Museum für Naturkunde beim Landschaftsverband Westfalen Lippe in Münster die Fundstelle wissenschaftlich. Die Grabung wurde 1997 eingestellt, das Ergebnis ist sensationell: Insgesamt konnten 16.000 Fossilien geborgen werden, davon rund 210 Insekten. Die Aufschlüsse und Fundbereiche genießen den besonderen Schutz eines Bodendenkmals.

In dem ehemaligen Schiefertonbruch, der nun Deponie werden soll, entdeckten die Paläontologen in den mächtigen Schichtpaketen die Zeugnisse einer Lagunenlandschaft. Die Insekten- und Spinnentierfunde, die sich auf acht Ordnungen mit 18 Arten verteilen, darunter viele bis dato unbekannte, machten Hagen-Vorhalle in der geologischen Forschung weltbekannt. Ebenso spektakulär sind die Reste von Meeresbewohnern und die zahlreichen Pflanzenfunde, für die Vorhalle locus typicus ist.

Die Verteilung von Land und Meer war während der Oberkarbonzeit eine völlig andere als heute. Europa, Nordamerika und Teile Asiens gehörten zu einer Landmasse, die „Laurussia“ oder „Old-Red-Kontinent“ genannt wurde. Meer bedeckte einen Streifen, der vom heutigen England über Nordfrankreich, Belgien, die Niederlande und Nordwestdeutschland bis Oberschlesien reichte. Die alten devonischen Meeresböden und Festländer waren zu Gebirgszügen aufgefaltet worden, in deren Tälern eine Sumpfvegetation zu wachsen begann. Die Vorhaller Schichten bestehen aus einer Wechselfolge von Silt- und Sandsteinen. Auf ein im wesentlichen 120 Zentimeter mächtiges Tonsteinpaket, das in 13 Ablagerungsschichten zerfiel, konzentrierten sich die wissenschaftlichen Untersuchungen. Diese Schichten wurden in Äquatornähe abgelagert, in einem tropischen bis subtropischen Klima.

Wenn für den Archäologen der Satz „Jeder Stein ist ein Buch“ Gültigkeit besitzt, dann trifft er für den Paläontologen in einem noch ursprünglicheren Sinn zu. Bestimmte Abfolgen der einzelnen Gesteinsablagerungen erzählen von der Bucht eines Meeres, die durch eine vorgelagerte Sandbarre von der offenen See abgeschottet war. In die Bucht mündete

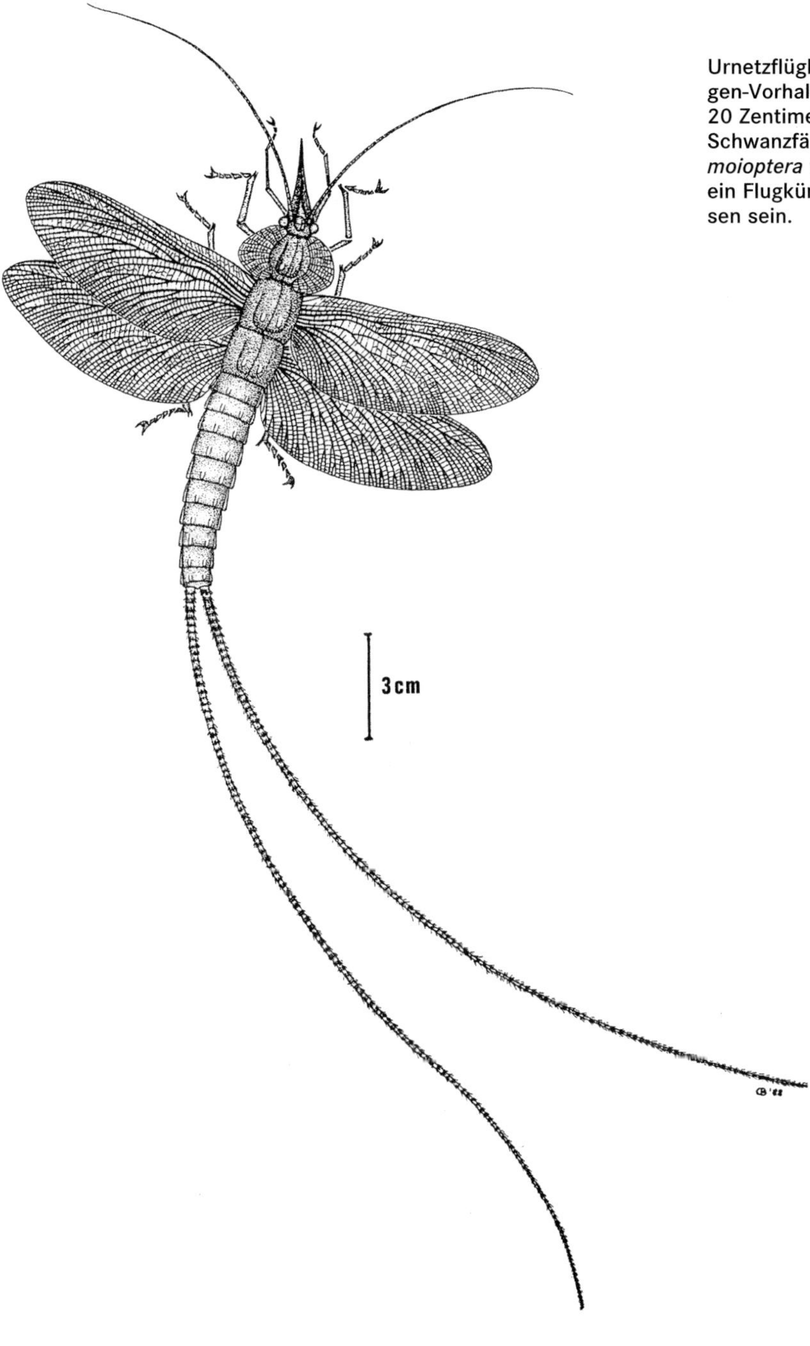

Urnetzflügler aus Hagen-Vorhalle. Mit circa 20 Zentimeter langen Schwanzfäden muß *Homoioptera vorahllensis* ein Flugkünstler gewesen sein.

das Delta eines Flusses. Es herrschten in der Regel ruhige Wasserverhältnisse.

Tropische Wirbelstürme durchbrachen die Ruhe der Lagune, ließen die Sanddämme der Flussarme brechen, schwemmten Treibholz und Landtiere ein. Der rund einen Meter lange Ast eines namurischen Baumes, der über und über mit Muscheln besetzt war, könnte durch einen Sturm in die Lagune geraten sein. Er versank und wurde in feinen Tonschlamm eingebettet und für die Nachwelt konserviert. Die Ausgräber in Hagen-Vorhalle fanden ihn wieder.

Fossilien erzählen von der Lebenswelt der Lagune. Der Boden selbst war sauerstoffarm, so dass in ihm kein Leben möglich war. Es fanden sich aber Speiballen und Koprolithen (Kot) der im Wasser lebenden Fische. Das waren Strahlenflosser, Stachelhaie und Quastenflosser, die in zum Teil vollständigen Exemplaren oder durch isolierte Schuppen, Hautreste, Stacheln oder Teile des Knochengerüstes nachgewiesen werden konnten.

Beliebte Beute wird ein Ahn der heute lebenden Tintenfische gewesen sein. Bilinguites metabilinguis, ein Vertreter der Ammoniten, dessen in einer Ebene aufgerollte Schalen zu Tausenden in Vorhalle vorkommen. Er ist der Leitammonit des Namurium B.

In Spalten und Höhlen des Lagunengrundes lebten urtümliche Krebse, *Syncarida,* deren Kopf nicht mit dem Thorax verwachsen war. Sie wurden erstmals 1847 als Fossilien beschrieben und 45 Jahre später als rezente Formen in Tasmanien gefunden. Die in Vorhalle entdeckten Heuschreckenkrebse deuten auf küstennahes, tropisches Gewässer hin, dem Lebenselement dieser Meeresbewohner.

Weltweite Berühmtheit erlangte Hagen-Vorhalle durch die Insekten- und Spinnentierfunde. Untersucht wurde, ob die Funde „eingeweht“ oder „eingeschwemmt“ wurden. Überhaupt wurde der Fossilieninhalt eines jeden Quadratmeters untersuchter Schicht quantitativ und qualitativ erfasst. Die Wissenschaftler gingen nach einer Checkliste vor, die unter anderen folgende Punkte enthielt: Lage der Fossilien zur Schichtfläche, ihre Häufigkeit, Größe und ihr Erhaltungszustand. Pro Schicht wurde eine Probe entnommen, die senkrecht zur Schicht geschnitten und konserviert wurde. Diese Proben dienen geochemischen Untersuchungen, etwa auf

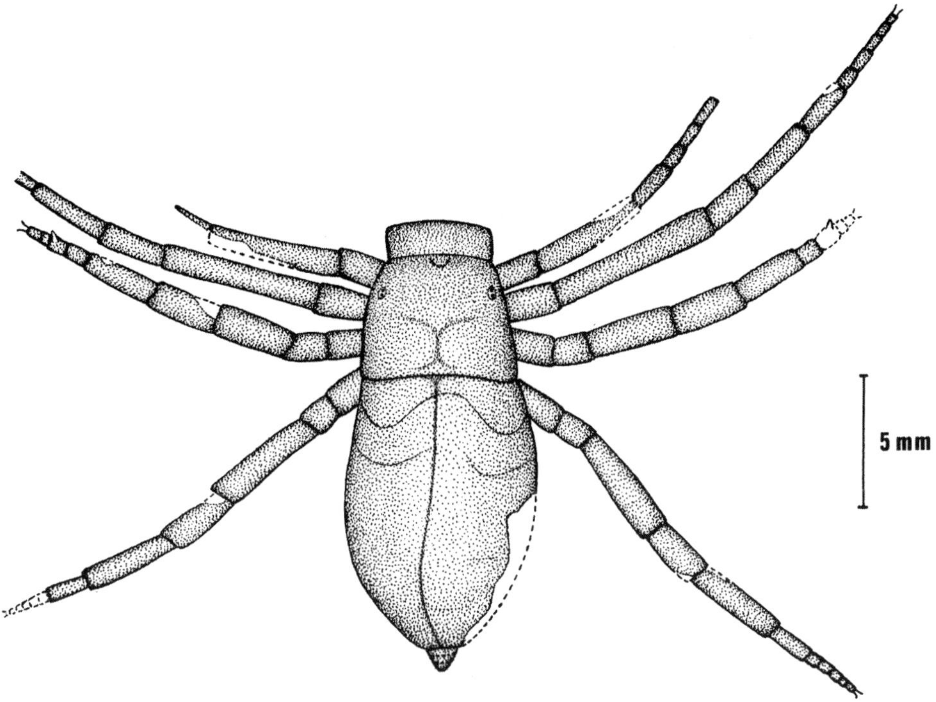

Dieses urtümliche Spinnentier lebte am Rand der Karbon Lagune. *Curculioides adompha* zählt zu den den seltenen Funden, die diese Fundstelle weltberühmt machten.

Bor. Der Borgehalt der sogenannten Tonfraktion eines Sedimentgesteines läßt Rückschlüsse auf den Salzgehalt des Wassers vor rund 330 Millionen Jahren in der Lagune zu. Die Regel lautet: Je mehr Bor in der Probe, je saliner das Wasser.

Zurück zu den namurischen Insekten. Die Menge und die Qualität der Erhaltung der rund 210 Insekten- und Spinnentierfunde in Vorhalle ist weltweit einmalig. Sie sind zum Teil wissenschaftlich von Prof. Carsten Brauckmann bearbeitet worden, so dass über ihr Aussehen und ihre Lebensweise interessante Aussagen getroffen werden können.

Die Spinnentiere treten mit drei Arten und wenigen Individuen gegenüber den geflügelten Insekten zurück. Vom Geißelskorpion *(Prothelyphonus naufragus)* sind in Hagen zwei Exemplare gefunden worden, die gleichzeitig weltweit die einzigen dieser Art sind.

Kennzeichnend für das rund 16 Millimeter große Spinnentier sind der schlanke Körper und die namengebende

Geißel am Hinterende. Fossil sind nur 20 Fundstücke bekannt, die alle aus dem Oberkarbon Europas, Nordamerikas und Chinas stammen. Die Vorhaller Geißelskorpione sind die ältesten. Sie lebten nachtaktiv unter abgefallenem Laub, unter Steinen oder unter der lockeren Borke von Bäumen versteckt. Der abgeflachte Körper trägt eine unscheinbare bräunliche Farbe, wie man von den Tieren der heute lebenden zehn Gattungen weiß. Das vordere Beinpaar ist zu langen Tastorganen umgestaltet.

Die Beute, kleine Tausendfüßler, Asseln, Würmer und Landschnecken, griff er mit den kräftigen, fangkorbartig ausgebildeten Kiefertastern.

Drei Reste von Tausendfüßlern und einem Hundertfüßler aus den Vorhaller Sedimenten brachten Beutetiere des Geißelskorpions ans Licht.

Er selbst wurde von Amphibien gejagt, zum Beispiel von kleinen Batrachosauriern, die in Vorhalle durch Funde belegt sind.

Der Geißelskorpion erwehrte sich seiner Feinde durch Substanzen, die er aus der Analdrüse abfeuern konnte. Im Laufe seiner 320 Millionen Jahre währenden Entwicklung hat er sich kaum verändert, wie an den in den Tropen und Subtropen lebenden zehn Gattungen mit 100 Arten zu erkennen ist.

Die beiden weiteren Spinnentierarten aus Hagen-Vorhalle sind die Kapuzenspinne *(Curculioides adompha)* und der Eophrynus udus, für den es keinen volkstümlichen Namen gibt. Ihren Namen erhielt die Kapuzenspinne von der gelenkigen Schutzkappe über ihren Mundwerkzeugen. Ebenso wie der Geißelskorpion lebte sie unter verrottenden Pflanzenresten und nutzte ihre Vorderbeine als Tastorgane. Sie bewegte sich sehr langsam und stellte sich bei Störung oder Gefahr tot. Auf drei Gattungen verteilte 20 Arten leben heute in den tropischen Regionen West-Afrikas und Amerikas. Der Bauplan der rezenten Exemplare ist in den Grundzügen schon in dem namurischen Fund aus Vorhalle ablesbar.

Eophrynus udus gehört einer ausgestorbenen Spinnentierordnung an, die nur aus dem Devon und Karbon bekannt ist.

Die bekanntesten geflügelten Insekten des Erdaltertums gehören zu den Urnetzflüglern, die bereits im Perm ausstarben. Aus den Vorhaller Ablagerungen liegen mehrere Exem-

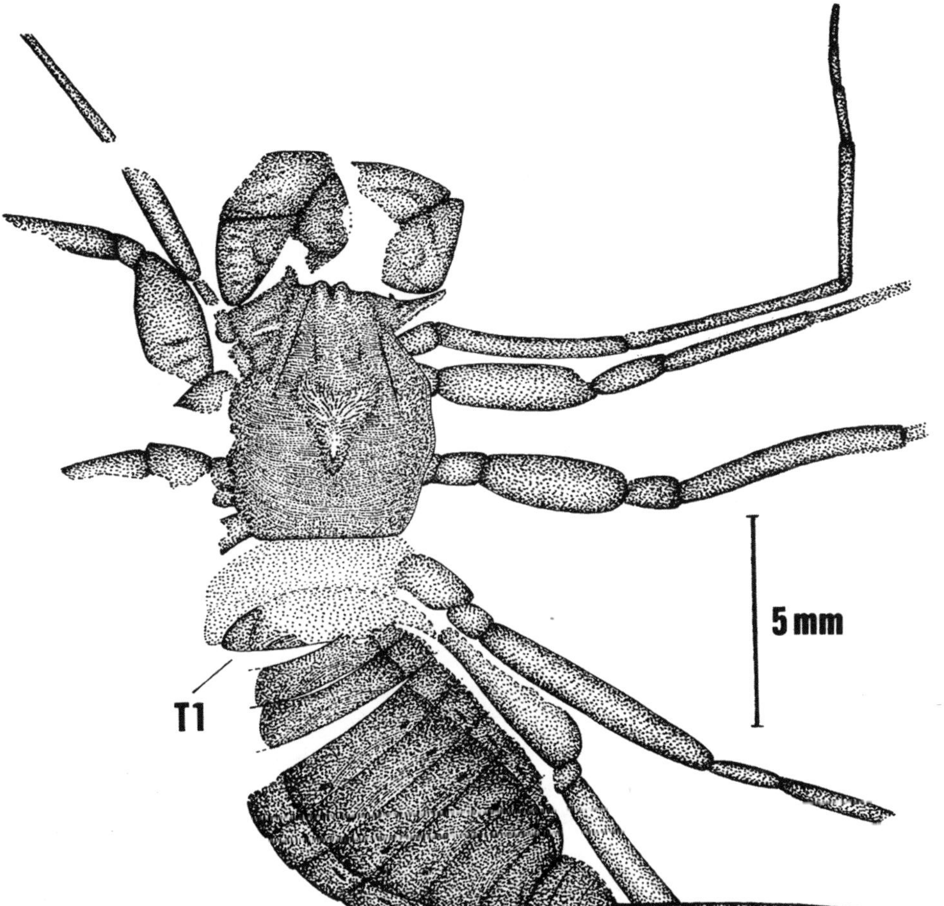

plare von *Homoioptera vorhallensis* vor, dessen Variabilität der Flügel-Äderung zum Teil auf den linken und rechten Flügeln eines einzigen Tieres die Forscher erstaunte. Mit ihren langen Saugschnäbeln bohrten sie an Pflanzenstengeln nach Saft oder nahmen Pollen auf. Sie konnten die Flügel in Ruhestellung nicht auf dem Rücken zusammenlegen und

Dieses urtümliche Spinnentier lebte am Rand der Karbon-Lagune. *Curculioides adompha* zählt zu den den seltenen Funden, die diese Fundstelle weltberühmt machten.

besaßen ein altertümliches drittes Flügel-Paar am Vorderbrust-Segment. Die meiste Zeit hielten sie sich gleitend in der Luft auf. Ihren Flug unterstützten sie durch extrem lange Schwanzfäden, die bei einem Vorhaller Exemplar zwanzig Zentimeter erreichten.

Ein weiterer Urnetzflügler, nämlich Lithomantis varius, zeigt auf den Flügeln regelmäßig angeordnete helle Flecken, die auf die ursprüngliche Farbverteilung hinweisen. Die scharfe Schneidekante am Hinterleibsende weist darauf hin, dass die Tiere Öffnungen in Pflanzenteile schnitten, um darin ihre Eier abzulegen. Welchen heute lebenden Insekten sie als Vorläufer dienten, läßt sich nach Ansicht von Prof. Carsten Brauckmann nicht sagen.

Libellen flogen ebenfalls im Küstendschungel der namurischen Lagune. *Namurotypus sippeli* mit 32 Zentimetern Flügelspannweite konnte die beiden Flügelpaare wie die heute lebenden Nachfahren unabhängig voneinander bewegen, so daß die namurischen Libellen über gute Flugeigenschaften verfügten. Die kräftigen Kieferzangen und die großen Augen deuten auf eine räuberische Lebensweise in der dichten Vegetation hin.

Die Urgeradflügler oder Urschnabelkerfe sind, nach Stand der Dinge, als Vorläufer der Wanzen und Zikaden anzusehen. Sie konnten die Flügel im Gegensatz zu den Urnetzflüglern mit Hilfe eines komplizierten Umlegemechanismus über dem Hinterleib zusammenlegen. Beide Flügelpaare liegen flach übereinander und sind umgekehrt V-förmig nach hinten außen gerichtet. Sie waren bisher nur durch isolierte Flügelfunde bekannt und sind durch die Vorhaller Exemplare erstmals mit Köpfen und Beinen überliefert.

Der Fund einer Insektenlarve, die noch keiner Art zugeordnet werden konnte, bringt vielleicht Aufschluss über die einzelnen Lebensstadien der namurischen Insektenfauna.

An der sumpfigen Küste gedieh eine reichhaltige Pflanzenwelt, die durch ausgezeichnet erhaltene Stücke dokumentiert werden kann, so durch Stammteile von Schuppenbäumen, Blättern von Cordait-Bäumen und farnlaubigen Gewächsen.

Fundgrube Rhein-Herne-Kanal

2.

Der Eiszeit-Friedhof auf dem Spülfeld

In der Regel ist die Industrie im Ruhrgebiet die Mutter aller Dinge. Im Mittelpunkt des folgenden Falles steht eine der bedeutendsten Wasserstraßen des Reviers, der Rhein-Herne-Kanal. Auf ihm verschifften die Schlotbarone Tonnen von Kohle aus dem Ruhrgebiet, heute gelangt Exportkohle aus den USA in das einstige „Goldgräberland“. Der Kanal mußte im Laufe der Zeit den sich verändernden Maßen der Binnenschiffe angepaßt werden. Mit Saugbaggern wurde das unterste nach oben „gekehrt“. Die riesigen Saugröhren gelangten in Schichten mit eiszeitlichen Knochen, die als Nebenprodukte ans Licht des Tages gelangten. Arno Heinrich aus Bottrop beobachtete die Arbeiten im Kanal und versuchte auf dem Eiszeitfriedhof zu retten, was zu retten war. Diesem Umstand verdankt Bottrop heute eines der interessantesten Eiszeitmuseen der Bundesrepublik.

Arno Heinrich, 1929 in Stettin geboren, kam 1951 in die Bergbaustadt Bottrop im nördlichen Ruhrgebiet. Er ging auf der Schachtanlage „Prosper“ in Dienst und konnte als Bergmann seinen geologischen Neigungen nachgehen. Seine erste Fossilien- und Gesteinssammlung nahm Gestalt an. Inzwischen auf „Rheinbaben“ beschäftigt, kehrte er 1955 dem Bergbau den Rücken und wurde Schulhausmeister in städtischen Diensten.

Arno Heinrich begann mit Familien- und Freundesunterstützung das „Heimatmuseum Bottrop“ mit Funden aus seiner Sammlung einzurichten. Der Autodidakt unterhielt Kontakte zur geologischen Wissenschaft über Europa hinaus bis nach Neuseeland, die USA und die Sowjetunion. Sein Meisterstück vollbrachte er jedoch mit der Bergung der eiszeitlichen Funde aus dem Rhein-Herne-Kanal.

Schon während des Baus der Wasserstraße, die 1914 der Binnenschifffahrt übergeben wurde, kamen eiszeitliche Funde ans Tageslicht, die nicht in Bottrop verblieben, son-

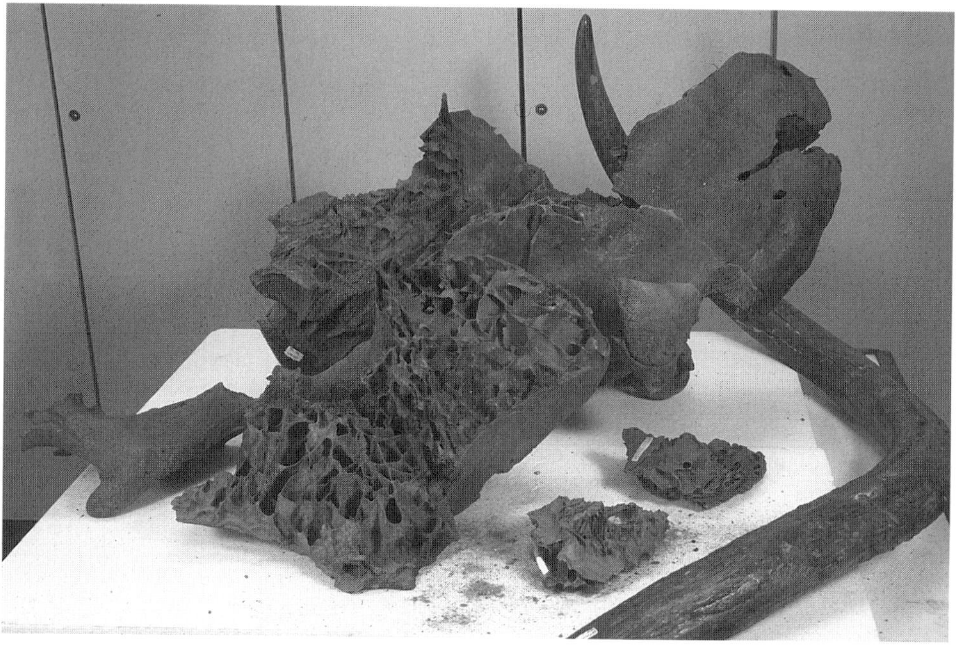

Bruchstücke eines Mammutschädels aus dem Rhein-Herne-Kanal: Das Innere der Knochen besteht aus papierdünnen Wänden, zwischen denen schon zur Eiszeit Blaufliegen ihre Larven absetzten.

dern in der Preußischen Geologischen Landesanstalt in Berlin. Auch das Ruhrlandmuseum in Essen war an der Bergung der Funde beteiligt. Zum Kriegsende besaß die Bottroper Sammlung ganze 15 Belege eiszeitlicher Fauna.

Als im Stadtteil Ebel eine Kläranlage gebaut wurde, bekamen die Geologen Einsicht in die eiszeitliche Schichtenfolge. Fossilienführend waren die „Knochenkiese", die von „Schneckensanden" überlagert wurden. Die Namen der Schichtenfolgen sprechen schon Bände: In den Schneckensanden waren Millionen von kleinen Muscheln und Schnecken eingelagert, die in eiszeitlichen Flüssen, Altwässern und Tümpeln gelebt hatten oder eingeschwemmt wurden. Fast alle Arten der in den Schneckensanden gefundenen Gehäusen kommen auch heute noch vor. Neben Wasserschnecken wie *Stagniola palustris, Galba truncata, Paraspira leucostoma, Gyralus rossmanessleri* und *Pisidien* sind es auch Landschnecken, die im Löß lebten wie *Fructicula* sp., *Arianta arbustorum, Succinea oblonga* und *Vallonien*. Die Landschnecken in den Lößflächen oberhalb des Emschertales wurden durch Wind und Regen in die Flußaue transportiert.

Saugbagger auf dem Rhein-Herne-Kanal: Sie holten Schlamm vom Grund und pumpten ihn zu Spülfeldern auf.

Die „Knochenkiese“ wiederum erwiesen sich als Grabstätte der eiszeitlichen Tierwelt. Ihre Hebung ist eine typische Ruhrgebietsgeschichte.

Zwischen 1956 und 1975 wurde im Bottroper Abschnitt des Rhein-Herne-Kanals das Kanalbett ausgebaggert. Im östlichen und im westlichen angrenzenden Gebiet war es durch bergbaubedingte Absenkungen erheblich tiefer, als im Bottroper/Essener Bereich. Außerdem mußte der Kanal für das „Europaschiff“ auf volle Breite fahrbar gemacht werden. Die Schrägböschungen wurden abgebaggert und durch Spundwände ersetzt. Diese Vertiefungen reichten hinunter bis zu den Schneckensanden und Knochenkiesen. Das war die Stunde des Arno Heinrich: Zwischen den Kanalkilometern 13,2 und 16,7 konnte er im Laufe von 20 Jahren 7.000 Reste eiszeitlicher Tiere bergen. Der „Schliemann“ von Bottrop schilderte die Fundumstände so:

„Das durch Bagger angehobene und auf Schuten verladene Bodenmaterial wurde an eine schwimmende Pumpstation gefahren, dort mit Kanalwasser verdünnt und mit hohem Wasserdruck an Land gespült. Während auf den Baggern

Der „Eiszeit-Schliemann" von Bottrop, Arno Heinrich, sammelte die Knochen eiszeitlicher Tiere auf den Spülfeldern, die der Saugbagger mit nach oben beförderte. Ein lebensgefährlicher Einsatz für die Wissenschaft.

und Schuten noch heile Knochen aufgesammelt werden konnten, war das auf dem Spülfeld kaum noch möglich. Die mechanische Beanspruchung der Knochen auf dem Weg durch die Pumpe und das Rohrsystem war so stark, daß sie größtenteils zerbrachen.

Um eine früher übliche museale Selektion, bei der nur schöne, vollständige und ausstellungswürdige Stücke aufgesammelt wurden, auszuschließen, wurde so gut wie alles

7.000 Reste eiszeitlicher Tiere schossen durch die Rohre vom Grund des Kanals.

Knochenmaterial, dazu Geschiebe, kreidezeitliche Fossilien, fossile Pflanzenreste, Muscheln, Schnecken und natürlich die vorgeschichtlichen Werkzeuge, ins Museum geschafft. Nur so ließ sich bei der Auswertung eine gute Aussage über die Fundstelle erreichen.

Die Bagger und Pumpstationen arbeiteten rund um die Uhr. Eine Bergung der Funde war wegen der Lichtverhältnisse aber nur von der Morgen- bis zur Abenddämmerung möglich. Es musste also mit einem Drittel Fundverlust durch die nächtlichen Spülungen gerechnet werden.

Alle diese Funde mussten nach der Bergung präpariert, zusammengesetzt und erfasst werden. Sie stehen heute im Magazin Wissenschaftlern zur Verfügung.

So einfach, wie die Arbeiten aufgezählt werden, waren sie in Wirklichkeit nicht. Da gab es Schwierigkeiten mit der Fundstellenbeaufsichtigung. Es hätten auf dem Spülfeld und auf dem Bagger immer eine oder mehrere Personen stehen müssen. Bei Regen, Sturm, Schneetreiben und Eis wurde weitergebaggert. Durch die seinerzeit noch intakten Kraftwerke am Rhein-Herne-Kanal vereiste das Wasser nicht so schnell. Um trotzdem soviel wie nur eben möglich zu bergen, wurde oft bei starken Erkältungen weitergearbeitet. Mehrfach bin ich auf dem Spülfeld bis zu den Hüften im Baggerschlamm versunken und konnte mich nicht mehr selbst befreien. Bei Temperaturen um den Gefrierpunkt war das gewiß nicht angenehm."

Wie selbstverständlich erzählte Heinrich von den gefährlichen Arbeiten auf dem Spülfeld. 7.000 Tierreste sind sein Ergebnis, Spiegelbild einer Fauna der Weichsel-Kaltzeit vor circa 50.000 Jahren.

Die 750 Geschiebe sind auf ihre Herkunftsgebiete untersucht worden. Es ist Samland-Granit, Bohuslän-Granit, Aland-Granitporphyr, Roter Ostsee-Quarz-Porphyr und Rapawike-Granitporphyr.

Leider konnten die Knochenfunde nicht horizontiert aufgesammelt werden, wegen der widrigen Umstände während und der Art der Baggerarbeiten. Die Auswertung ergab folgendes Faunenbild:

Mammut, Fellnashorn, Waldnashorn, Pferd, Wildesel, Waldwisent, Steppenwisent, Auerochse, Moschusochse, Saiga-Antilope, Riesenhirsch, Elch, Rothirsch, Rentier, Reh, Schwein, Höhlenbär, Braunbär, Höhlenhyäne, Höhlenlöwe, Wolf, Rotfuchs, Eisfuchs, Vielfraß, Dachs, Fischotter, Biber, Graugans, Canadagans, Knäckente, Höckerschwan, Moorschneehuhn, Auerhahn, Uhu und Saatkrähe.

Fellnashorn, Mammut und Pferd stellten den größten Anteil im Fundgut. Zu den Raritäten gehört der Fund einer Saiga-Antilope, deren Nachfahren heute nicht mehr in unseren Breiten leben, aber im Zoologischen Garten in Köln zu sehen

sind. Erst in den vergangenen Jahren sorgte der Fund einer Löwenfährte aus der Weichseleiszeit wieder für Aufsehen in Bottrop und darüber hinaus (siehe „Die Spur des Höhlenlöwen“).

Unfreiwillig half die Industrie den Forschern und brachte mit den großen Schlammwolken Knochen von Mammuten, Nashörnern, Wildpferden, Höhlenlöwen mit nach oben, die einst an der Emscher heimisch gewesen waren.

Die Tiere zogen zur Ur-Emscher um sich zu tränken. Kadaver gestorbener Individuen blieben am Ufer liegen und dienten den Aasfressern als Nahrung. Höhlenlöwe, Höhlenhyäne, aber auch Wölfe, Füchse, Dachse und Vielfraße taten sich gütlich, benagten und verschleppten auch die Knochen, bis sie vom Wasser aufgenommen und im Flußsediment eingebettet wurden. Zahlreiche Knochenfunde tragen Fraßspuren.

In der Bottroper Liste fehlen für das Jungpleistozän Wildkatze und Panther, Luchs und Gemse und der Steinbock. Relikte sind aus dieser Zeit in der näheren und weiteren Umgebung von Bottrop gefunden worden.

3. *Die Spur des Höhlenlöwen*

Friedliches Bild aus der Weichseleiszeit

In der Zeit zwischen 42.000 und 35.000 Jahren vor unserer Zeit schnürte ein Höhlenlöwe *(Panthera leo spelaea)*, wahrscheinlich auf der Suche nach Beute, über den Auelehm der Emscher-Niederterrasse. Heute liegt dieser Ort bei Bottrop im Ruhrgebiet, nahe des Rhein-Herne-Kanals und des parallel dazu verlaufenden und für die Industrie begradigten Emscherflusses.

Die Spur entdeckte Martin Walders vom Museum „Quadrat“ am 26. Februar 1992 in der Baugrube zum Klärwerk Bottrop-Welheim. Fossile Tierfährten sind selten zu beobachten, darum ist die Aufregung zu verstehen, die in den auf den 26. folgenden Wochen und Monaten am Fundort herrschte. Der Baggerführer hielt den Paläontologen Walders schlichtweg für verrückt, als der vor der Schaufel einen Veitstanz aufführte. Dass Knochen aus dem Emscherschlamm gebaggert werden konnten, das hatte der Baggerführer schon erlebt. Aber, die Arbeit stoppen für ein Phantom im Schlamm? Es sollte einer der spektakulärsten Funde des Pleistozäns in dieser so reich mit Relikten der Eiszeit gesegneten Landschaft sein.

Seit Beginn unseres Jahrhunderts, als der Bau der künstlichen Wasserstraße begann, interessierte sich die Urgeschichtsforschung für die Riesenbaustelle. In dem holozänen Komplex der Schnecken- und Knochensande sammelten Paläontologen Skelettreste eiszeitlicher Tiere auf.

Unter den rund 7.000 Knochenresten waren auch Relikte des Höhlenlöwen, von denen einer auf dem Auelehm, der in der Schichtenfolge bei Bottrop-Welheim über den Knochenkiesen liegt, seine Fährte hinterlassen hat.

Bei genauer Sichtung der Fläche hatte der Bagger einen Ausschnitt von 150 Quadratmetern stehen lassen, der von regelmäßig verlaufenden Fährten überzogen war.

Trittsiegel unterschiedlichster Erhaltungsform waren mit Sand gefüllt und konnten nur unter schwierigen Bedingun-

Dermoplastik einer eiszeitlichen Saiga-Antilope im Museum "Quadrat" in Bottrop. Das Gehörn des Tieres stammt vom Kanalgrund und bezeugt, daß Herden dieser Tiere während der Eiszeit durch die Emscherniederungen zogen.

gen sichtbar gemacht werden. Das Grundwasser machte Martin Walders, dem Entdecker der Fährte, zu schaffen. Mit Hilfe eines eigens für diese Aktion entwickelten Spezialharzes einer Duisburger Firma konnte der Ausschnitt einiger weniger Tage der Weichseleiszeit vom feuchten Auelehm abgenommen werden.

Martin Walders, Chef der eiszeitlichen Sammlungen in Bottrop, entdeckt bei Arbeiten in Bottrop-Welheim im Auelehm der Emscher-Niederterrasse die Fährte eines Höhlenlöwen. In der Hand hält er den Reißzahn eines solchen Tieres.

Die Universität Bonn machte sich daran, die Fährtenplatte zu deuten. 600 Trittsiegel von 30 tierischen Individuen sind auf der Bottroper Platte erhalten geblieben. Nicht nur der Löwe hinterließ seine Fährte, sondern weitere vier Säugetiergruppen und ein Wasservogel, vermutlich eine Gans.

Rentiere waren es vor allem, die an wenigen Tagen, bevor der Auelehm von Sand überlagert wurde, am Flußufer entlang zogen. Fährten von 16 Rentieren sind nachgewiesen, die keiner bevorzugten Richtung folgten.

Vermutlich zwei Pferde liefen im gleichen Rhythmus nebeneinander her. Am äußeren Rand des Geschehens kreuzte ein Wolf das Geschehen. Tief eingedrückt die Trittsiegel von Ur und/oder Bison und bestens erhalten die Fährte des Löwen. Mitten zwischen den Lebenszeichen der Eiszeittiere ließ sich für kurze Zeit ein Wasservogel nieder und wurde von den vorbeiziehenden Vierbeinern gestört.

Das Forscherteam in Bottrop löste nicht nur die Abnahme der Fährten, sondern vermaß vor Ort die Schrittlänge und Breite. Diese Daten erzählen uns, dass wir Zeugen eines ruhigen, ja gelassenen Geschehens während weniger Tage vor

Was aussieht wie eine Schuhsohle, ist der Zahn eines Mammuts.

rund 40.000 Jahren werden. Keine Jagdszenen sind aus den Spuren herauszulesen; Löwe und Wolf waren nicht auf dem Sprung, die Beutetiere unabhängig von den Jägern unterwegs.

Vor der Maximalausdehnung der von Norden vordringenden Gletscher zur Weichseleiszeit suchte sich die Emscher im Dauerfrostboden immer wieder ein neues Bett.

Wildpferde waren häufig im eiszeitlichen Emschertal vertreten. Ihre Knochen füllen Schränke in der Bottroper Sammlung.

Herrschte Hochwasser, wurden die Auen mit Lehm überspült, über den die damals in der kargen Landschaft lebenden Tiere hinwegzogen. Birken und Nadelhölzer boten den Augen der in diesen Breiten jagenden Menschen ein wenig Abwechslung. Die Jäger gehörten zur Gattung *Homo sapiens sapiens*, dessen wenige knöcherne Relikte in den Knochenkiesen der Emscherniederung ihre Anwesenheit bezeugen.

Im Tal der Steinzeitmenschen

Wanderung zu den Höhlen

4.

Das Ganze steht den wildesten Gegenden des Schwarzwaldes nicht nach, - sonderlich, wenn es zu dunkeln beginnt, gehört viel kaltes Blut dazu, um sich eines mindestens poetischen Schauers zu erwehren, wenn das Volk der Eulen und Schuhue in den Spalten lebendig wird und das Echo ihr Gewimmer von Wand zu Wand laufen läßt.

(A. v. Droste-Hülshoff in „Bilder aus Westfalen", 1842)

Licht und Schatten spielen unter den hohen Buchen, die sich in einen steil zum Fluß herabfallenden Geröllhang krallen. In der schwülen Sommerluft schwirren Insekten. Den Rücken des Betrachters trifft ein angenehm kühler Lufthauch, der aus dem dunklen Eingang der Höhle strömt. Der Weg hier herauf ist beschwerlich und die Menschen, die ihn während der bronzezeitlichen und frührömischen Eisenzeit erklommen, um in die Höhle zu gelangen, mussten wohl etwas Besonderes vorhaben. Ihre Wohnstätten befanden sich vermutlich auf den Flächen der Kalkebene, die das Flußtal unweit des Ruhrgebietes durchschneidet. Sie sind bisher noch nicht archäologisch nachgewiesen, während die Höhlen des Tales das Interesse der Forscher schon in der Mitte des 19. Jahrhunderts bewegte. Berühmtheiten waren darunter, wie der Berliner Anthropologe Virchow, der Bergrat von Dechen und der Vorgeschichtler Julius Andree. Der „Naturhistorische Verein für die preußischen Rheinlande" trieb die Forschung in den Höhlen und Grotten der Rheinlande voran, vor allem seit Fuhlrott den Neandertaler entdeckt hatte. Das Hönnetal, über das hier berichtet werden soll, ist eines der höhlenreichsten Täler in Nordrhein-Westfalen. In mehr als 20 bekannten Gängen und dunklen Löchern im Kalkstein fanden Heimatkundler und Wissenschaftler Hinterlassenschaften des Menschen aus einer Zeitspanne, die von der Mittleren Altsteinzeit bis fast in die Gegenwart reicht. Im Tal der Steinzeitmenschen läßt sich noch immer ein wenig von der Lebenswelt unserer Vorfahren, seien es Neandertaler, jungsteinzeitliche oder eisenzeitliche Bauern, nachempfinden. In vielen Ruhrgebietsmuseen liegen Funde aus diesen Höhlen, Steinwerkzeuge, Keramikgefäße, Knochen von erlegten Beutetieren. Wenn demnächst das Westfälische Museum für Archäologie in Herne neu eröffnet wird, bekommen die Besucher einen ockergefärbten menschlichen Schädel zu sehen, der in der Höhle, von der zu Beginn die Rede war, gefunden wurde. Es ist die Karhofhöhle, im mittleren Bereich des Hönnetales bei Balve-Volkringhausen gelegen. Der Felssporn bezeichnet die Stelle, in der der Grübeckbach in die Hönne mündet. Den größten Teil des Jahres tut er das unterirdisch, und das Bachbett liegt trocken. Nur an Tagen nach starken Regenfällen fasst der unterirdische Bachlauf das Wasser nicht, und es muss oberirdisch abfließen.

In dem trocken gefallenen Bachbett sind Steinwerkzeuge von Menschen gefunden worden, die die Karhofhöhle aufgesucht haben. Der Schädel im Museum war Teil eines Bestattungsritus. In seiner Nähe konnte schon im 19. Jahrhundert eine komplette Feuerstelle geborgen werden, in der mehr als 2.000 Jahre alte Getreidereste lagen. Die Funde werfen immer neue Fragen auf, die auch heute noch nicht vollständig beantwortet sind.

Eine Tageswanderung reicht aus, um die Orte aufzusuchen, an denen rund 200.000 Jahre Menschheitsgeschichte gestaltet worden sind. Vom Ruhrgebiet aus bis hierher sind es mit dem Wagen rund 70 Kilometer. Die Wanderung immer entlang des Flusses lässt sich aus praktischen Gründen nicht der zeitlichen Chronologie der Funde anpassen. Darum findet der Leser am Schluss dieses Kapitels eine Zeittabelle.

Der Gang durch das Tal der Steinzeitmenschen beginnt am Klusensteiner Burgfelsen. Von dort oben genoss Annette von Droste-Hülshoff bei gelegentlichen Wanderungen den Ausblick auf das wildromantische, cañonartig eingeschnittene Tal und schilderte mit wohligem Schauern ihre Eindrücke. Auf der Burg aus dem 14. Jahrhundert wohnten Verwandte der Droste, und während eines Aufenthaltes kroch sie in Begleitung in die „Große Burghöhle“. Auf diese Weise wurde dieser erste Ort der Vor- und Frühgeschichte auf der

Ein schmaler Spalt führt in die Große Burghöhle im Hönnetal. Während der Bronzezeit wurde die Höhle von Menschen zu kultischen Zwecken aufgesucht

hier beschriebenen Höhlenwanderung Teil der Weltliteratur:

„Der Weg führt etwas seitab, durchs Gebüsch, zum Eingang der Höhle, die uns wie ein schwarzes Thor entgegengähnt. Das Gewölbe ist schön, und weit gespannt, eine kühne Architektonik; der erste Raum ist 200 Fuss lang. An der Decke und Seiten-

wänden glänzen Stalaktiten von röthlicher Farbe und grotesken Formationen; an jeder Spitze ein graulicht glänzender Tropfen, der langsam fällt und die Höhle mit einem monotonen Geräusche einschläfert. Im Hintergrund klaffen zwei dunkle Spalten auf, die man mit Fackellicht, scheu vor dem überall hervorsickernden Wasser, gebückt vor den wie Spiessen niederdrohenden Tropfsteinzapfen betritt, gebückt durchschreitet, endlich durchkriecht. Nach mühseliger Fahrt dämmert der Schimmer des Tages uns entgegen, wir stehen wieder in der Eingangshalle, ehe wir's gedacht, und sind verwundert, einen Halbkreis beschrieben zu haben, während wir uns den Eingeweiden der Erde immer mehr zu nähern glaubten.“

Tropfsteine sieht der Besucher heute nicht mehr. Der Boden der Höhle ist um und um gewühlt, leider nur von Laien und nie fachkundig ergraben durch Wissenschaftler. Allerdings waren die Funde der Wissenschaft zugänglich, rund 5.000 Keramik- und Metallobjekte, in verschiedenen Museen verwahrt. Unmengen Scherben von Irdenwaren lagen auf dem ursprünglichen Höhlenboden verstreut, und man hat – darf man den Berichten der „Ausgräber“ Glauben schenken – den Eindruck, als seien die Gefäße an dieser Stelle bewusst zerschlagen worden. Über den Gebrauch der Gegenstände in dieser Höhle ist viel spekuliert worden, Archäologen jedoch sind keine Spekulanten, sondern vorsichtig in ihren Rückschlüssen. Genau lässt es sich nicht sagen, ob die Burghöhle schon in der Jungsteinzeit von Menschen aufgesucht worden ist. Als sicher belegt das Fundmaterial sporadische Aufenthalte von Menschen seit der Bronzezeit. Als Wohnstätte hat die Höhle nicht gedient, denn seit der Jungsteinzeit bevorzugten die Menschen Häuser, bewirtschafteten Felder und werden Höhlen wohl eher als Verstecke, Fluchtpunkte und/oder zu kultischen Zwecken genutzt haben. Die Deutung der Burghöhlen-Funde weist in diese Richtung. Aus den eisenzeitlichen Perioden Hallstatt und Latène zeigt das Museum Hagen-Hohenlimburg unterschiedlich verzierte Scherben, die unter anderem zum Ausdruck bringen, dass ihre Schöpfer einen ästhetischen Anspruch an ihrer Produkte hatten. Ritzmuster, sogenannte Kreisstempelverzierungen, die mit einem Halm in den weichen Ton gestempelt worden sind, wellenförmige Linien und Abdrücke von Ähren zieren die Gefäßscherben. Eine schwarze, glattpolierte

Im romantischen Tal der Hönne bei Dortmund, nur wenige Autobahnkilometer vom Ruhrgebiet entfernt, kann, wer Lust hat, in die Steinzeit wandern. Zahlreiche Höhlen liegen am Weg.

Trinkschale und ein Väschen von rund 7 Zentimetern Höhe konnten aus Bruchstücken rekonstruiert werden. Gewandfibeln aus jener Zeit, Schmuckstücke aus Bronze, wie Kettchen, Armreifen, Ringe, Ohrringe mit Glas- oder Bernsteinperlen, erzählen von einer bestimmten Mode der Eisenzeit, die den Forschern heute bei der zeitlichen Zuordnung hilfreich ist, weil bestimmte Formen und Herstellungsarten in bestimmten Gegenden ähnlich sind. Von der täglichen Arbeit der bronze- und eisenzeitlichen Höhlenbesucher berichten Spinnwirtel aus Ton, eiserne Tüllenbeile und Nadeln.

Aus mehreren Höhlen des Hönnetales sind Feuerstellen bekannt. Der Inhalt der Herdstellen macht uns mit den Nahrungsgewohnheiten der Talbewohner vor Christi Geburt bekannt. Getreidekörner von Weizen, Zwergweizen, Emmer, Zweikorn und Einkorn sind für alle vier bekannten Plätze von Feuerstellen, so auch für die Burghöhle, belegt. Wildschwein, Hirsch, Rind, Reh und Hecht standen ebenfalls auf dem „Speiseplan". Und wie steht es mit dem Menschen selbst? Seine Existenz belegen in der Burghöhle wenige Zähne und ein Schädelstück.

Für kultische Handlungen in der Großen Burghöhle spricht der wohl schönste Fund, das sogenannten „Nietnagelentlein“, 1967 von einem Amateur aus dem Höhlenboden gewühlt. Es ist ein aus Bronze gefertigtes, 2,2 Zentimeter hohes Entlein mit einem Nietnagelloch. Es gehörte vermutlich zu einer Gruppe von bronzenen Vögeln, die auf eine Bronzeschale aufgenietet waren, wie sie aus österreichischen und deutschen Fundorten der älteren Eisenzeit (750 bis 450 v. Chr.) bekannt geworden sind. Diese Schalen mit aufgenieteten Wasservögeln werden als kultische Symbole der Vogelsonnenbarke gedeutet und wohl bei Opfer-, Toten- und Sonnenkulten verwendet worden sein.

Welcher ethnischen Zugehörigkeit die Menschen waren, die in der Burghöhle Schutz suchten und ihre Kulte zelebrierten, läßt sich nicht genau sagen. Um die Zeitenwende mögen es Angehörige germanischer Stämme gewesen sein. Sicher germanisch sind die wenigen frühfränkischen Funde aus der Burghöhle, eine Pinzette und eine Riemenzunge.

Gegenüber der Felsengruppe, die „Sieben Jungfrauen“ genannt wird, sieht man vom Wanderweg eine alte Steinbrücke die Hönne überqueren. Bei diesem Anblick biegt der Höhlenwanderer nach rechts ab. Es geht vielleicht 200 Meter leicht bergan, bevor sich hinter einer Kurve das Portal einer der größten Hönnetalhöhlen öffnet, der Feldhofhöhle. Der Lehm, der durch die Ur-Hönne in die Höhle geschwemmt wurde, war angereichert mit eiszeitlichen Knochen, die für hohen Phosphatgehalt des Lehmes sorgten. Die Bauern fuhren diesen Lehm als Dünger auf die umliegenden Felder. Dabei mögen ihnen die merkwürdigen, zum Teil großen Knochenstücke aufgefallen sein, die sie aber nicht beachteten. Später stellten die Schäfer ihre Herden in der vorderen Halle der Höhle unter, weswegen sie auch „Schafshöhle“ genannt wurde. In den Epochen der Steinzeit diente die Höhle nomadisierenden Jägern, Neandertalern, als Rastplatz. Ihre Beutereste, vor allem Knochen vom Höhlenbären und der Höhlenhyäne, warfen sie in einen Schacht im Umfeld der Höhle, der in den sechziger Jahren von einem Amateur ausgehoben wurde. War es einfach nur eine Abfallgrube oder eine Art Opferschacht?

Die Feldhofhöhle nimmt eine besondere Stellung unter den Fundplätzen des Tales ein. Aus ihr soll der älteste Fund

des Gebietes stammen, ein langgestreckt-ovales, auf beiden Flächen grob retuschiertes Werkzeug aus Feuerstein, das einige Forscher dem Acheuléen zuordnen, andere dem frühen Moustérien. Demnach müsste es älter als 200.000 Jahre alt sein. Über die Zugehörigkeit dieses Stückes konnte bisher keine Einigkeit erzielt werden, seine Herkunft bleibt rätselhaft.

Sicher anzusprechen ist die große Anzahl von Kratzern und Klingen, die der Jüngeren Altsteinzeit, dem sogenannten Aurignácien, zuzuordnen sind. Ebenso die Federmesser aus dem Magdalénien, der letzten Stufe der Altsteinzeit, als Neandertaler und *Homo sapiens* schon nebeneinander lebten.

Ein Stück des Weges talaufwärts, vorbei an einer ehemaligen Wassermühle, erreicht man den Weiler Binolen. Wer Lust hat, kann die Reckenhöhle, eine Tropfsteinhöhle, besuchen und im nahen Gasthaus einige Funde aus dieser Höhle besichtigen. Die Gefäßscherben in den Vitrinen des „Hauses Recke“ sind eisenzeitlich und wurden am Berghang der Reckenhöhle aufgelesen. Die Höhle selbst haben Menschen

Das „Loch im Hohlen Stein“, die Balver Höhle, ist eine der bedeutendsten Fundstellen für die Kultur des Neandertalers. Hier befanden sich offensichtlich ein Rastplatz und eine Beutesammelstelle der Eiszeitmenschen. Grabungen erbrachten reichhaltige Funde von Werkzeugen und Knochen der erlegten Tiere, darunter der Stoßzahn eines Mammutbullen mit über 4 Metern Länge.

nicht aufsuchen können, da sie keinen natürlichen Zugang hatte außer einem Fuchsloch. Durch dieses Loch wurde sie im 19. Jahrhundert entdeckt. Knochen von eiszeitlichen Tieren sind in die Höhle geschwemmt und beim Ausgraben der Gänge gefunden worden. Die meisten stammen vom Höhlenbären (*Ursus spelaeus*), einer ausgestorbenen eiszeitlichen Bärenart. Höhlenbärenknochen sind in Mengen in den Hönnetalhöhlen gefunden worden; ihm gebührte der Platz auf einem Wappen dieser Gegend.

Etwa einen Kilometer von der Reckenhöhle entfernt, dort wo der Grübeckbach in die Hönne mündet, liegt die Karhofhöhle, von der zu Beginn dieses Kapitels schon einmal die Rede war. Zuvor sollen zwei andere Höhlen erwähnt werden. Eine davon fiel dem Kalkabbau zum Opfer und hieß „Honerthöhle", und die andere mit dem schaurigen Namen „Leichenhöhle" ist für Spaziergänger schwer zu finden und außerdem am Felshang kaum zugänglich.

1925 fand der Archäologe Andree in der Honerthöhle zum ersten Mal in westfälischen Höhlen die Überreste von Menschen in direktem Zusammenhang mit Werkzeugen. Andree entdeckte ziemlich dicht beieinander liegend Klingen aus Feuerstein und eine schmale Klinge aus schwarzem Kieselschiefer, dem bevorzugten Werkstoff der Steinzeitmenschen des Hönnetales. Aufregender waren die ganz in der Nähe liegenden Fossilien vom *Homo sapiens*, nämlich ein Teil eines menschlichen Schädeldaches, das Bruchstück eines linken Unterkieferkörpers mit einem Zahn sowie zehn weitere einzelne menschliche Zähne. Zwei der gefundenen Zähne sollen einem Kind von 11-12 Jahren gehört haben, die übrigen Reste werden einem Kind im Alter von 8-10 Jahren zugeschrieben. Der Befund spricht dafür, dass die Werkzeuge als Beigaben zu einer Bestattung nieder gelegt wurden, die der „Aurignácien" benannten Stufe der Jüngeren Altsteinzeit (45.000 bis 8.000 v. Chr.) zugehörig sind.

Auf Bestattungen deuten auch die Funde in der Leichenhöhle hin, die ihren Namen zu Recht trägt. Schon in den dreißiger Jahren fanden Forscher in dem schlauchartigen Gang 12 Schädelbruchstücke, zahlreiche Kieferreste, zwölf Fingerglieder und rund 400 Zähne von Menschen, die ausschließlich Frauen und Kindern gehört haben sollen. Einige Gefäßscherben, vor allem aber Schmuckstücke, lagen bei den Ske-

Auf dem Burgfelsen von Klusenstein thront die Burg, als wolle sie die Burghöhle am Fuß des Felsens als urgeschichtliches Denkmal bewachen.

lettresten aus der Vorzeit. Am häufigsten waren Ohrringe aus Bronzeblechstreifen oder Bronzedraht mit aufgeschobenen Perlen aus Bernstein, blauem und grünlichem Glas. In den Grabungsberichten der dreißiger Jahre berichten die Wissenschaftler von Brand-, Schlag- und Schnittspuren auf den Knochenresten. Sind in der Leichenhöhle Menschen,

Frauen und Kinder, in der frührömischen Eisenzeit einer unbekannten Gottheit geopfert worden?

Dieselbe Frage drängt sich auf, wenn man vor der Karhofhöhle, zwischen Binolen und Volkringhausen, steht. Ein mystischer Ort, an dem im 19. Jahrhundert Knochenrelikte von Menschen, neben Schmuck und Keramikscherben, gefunden wurden. Was Wunder, dass sich seit alters ein Seelenwanderungsmärchen um diesen Spalt im Fels rankt. Danach lockte ein Zwerg ein Hirtenmädchen in die Höhle und zeigte ihm die prächtigen Schätze, die in der Erde gehortet lagen. Als es wieder ins Freie geführt wurde, waren viele Jahre vergangen. Das Dorf hatte sich verändert, die Eltern waren lange verstorben, ihr Haus längst vergangen. Der „Zwerg und das Hirtenmädchen von Volkringhausen" macht sich einen Stoff zu eigen, über dessen Ursprung und Alter keine genauen Angaben zu machen sind. Allerdings weisen die archäologischen Befunde der Höhle auf Tod und Aberglauben hin. Während der Älteren Eisenzeit (Hallstattkultur), zwischen 750 und 450 v. Chr. war die Karhofhöhle Schauplatz von Begräbnisfeierlichkeiten. Rund um ein in den Boden eingelassenes Feuerloch hockten sich Menschen zum Leichenschmaus nieder. Vermutlich äscherten sie hier den Körper des Verstorbenen ein, füllten die Asche in eine Urne, die dann in einer sogenannten Steinkiste verschlossen wurde. Den Schädel verbrannten sie nicht, sondern färbten ihn mit Ocker und legten ihn auf die Platte, mit der die Steinkiste abgedeckt war. In der Feuerstelle identifizierten die Wissenschaftler Getreidereste und Knochenreste von Mensch und Tier. Es liegt im Bereich des Möglichen, dass in der Karhofhöhle während des Leichenmahles nicht nur Getreidebrei, sondern auch Teile des Verstorbenen verzehrt wurden.

Weiter flussaufwärts über Volkringhausen und Sanssouci, an weiteren Höhlen vorbei, die versteckt im Wald liegen, tut sich plötzlich am Ortseingang von Balve ein riesiges Loch in der Felswand auf, die Balver Höhle (11 m hoch, 12 m breit, 50 m tief), einer der bedeutendsten Fundplätze für die Kultur des Neandertalers. Die Balver Höhle lag südlich des Eisrandes der Gletscher, die von Skandinavien aus Europa überrollten. In der eisfreien Zone zogen Gruppen von Jägern den Herden nach, die an der Ur-Hönne die Tränken aufsuchten. Die Jäger suchten in den Höhlen an den Talhängen Schutz. Besonders die Vorräume dienten als Beutesammelstellen. Fleisch, Felle und ein Teil der Knochen fanden Verwertung, die Reste ließen die Jäger zurück, wenn sie zu anderen Jagdgründen weiterzogen. Sesshaftigkeit kannten diese Menschen nicht: Sie lebten vorwiegend von der Jagd, kannten die Bestellung von Feldern und die Haltung von Nutztieren nicht.

Tiere von riesiger Größe waren die Beute. Gehen wir davon aus, dass der Mammutbulle von Balve, der seinen viereinhalb Meter langen Stoßzahn hinterließ, auch eine Schulterhöhe von vier Metern besessen haben muß, dann wird das Problem, das die Eiszeitjäger zu bewältigen hatten, deutlich. Die Riesen wurden in Fallgruben gefangen, mit Speeren beworfen oder aber in einer Art Treibjagd auf die Talkanten zugetrieben, bis sie in Panik hinuntersprangen und zerschellten. Unter den Beutetieren findet sich ausgesprochen häufig der Höhlenbär, der Untermieter der Steinzeitjäger in den Hönnetalhöhlen. Das pflanzenfressende Pelztier konnte leicht in den hinteren Höhlenräumen während des Winterschlafes erwischt und erschlagen werden. Leichte Beute für den Neandertaler. Die wissenschaftlichen Untersuchungen in der Höhle wurden durch die letzte große Grabung von Dr. Klaus Günther vom Institut für Vor- und Frühgeschichte in Münster abgeschlossen, seine Befunde 1991 leichten Korrekturen durch Olaf Jöris, Institut für Ur- und Frühgeschichte der Universität Köln, unterzogen.

Die Kulturabschnitte der Altsteinzeit sind nach französischen Fundorten benannt, danach gehören die ältesten Funde aus der Zeit des Neandertalers in das „Micoquien“, die Mittlere Altsteinzeit, und dürften rund 80.000 Jahre alt sein. Aus der Balver Höhle sind Tausende von Steinwerkzeugen bekannt, die verstreut über die Museen Deutschlands verteilt zu besichtigen sind.

Ganz in der Nachbarschaft der Höhle, bei dem romantisch gelegenen Wasserschloß Wocklum, steht mit der Luisenhütte ein Hochofen aus dem 19. Jahrhundert. Er wurde über einer älteren Eisenschmelze errichtet. Diese Schmelzen, die aufmerksame Beobachter auch in Bachtälern im Umfeld der Höhle fanden, reichen zurück bis ins Frühmittelalter. Dass die Sage von „Wieland dem Schmied“ in der Balver Höhle angesiedelt wurde, findet wiederum in den archäologischen Befunden seine Entsprechung. Hier, am Rande des Ruhrgebiets, lagen die Vorläufer der Eisen- und Stahlindustrie des Reviers.

Zeitabfolge der Höhlenfunde im Tal der Steinzeitmenschen

Jahre v. Chr.	**Archäologische Kulturen**	**Historische und kulturelle Entwicklung**
200.000 - 50/35.000 v. Chr., Mittlere Altsteinzeit	Micoquien	Eiszeitliche Jäger, Neandertaler, schufen Steinwerkzeuge, z. B. Faustkeile, Faustkeilblätter, Keilmesser, Schaber, beidflächig retuschierte Schaber, Kernschaber, Bohrer
45.000- 8.000 v. Chr. Jüngere Altsteinzeit	Aurignácien	Eiszeitliche Jäger, Übergang vom Faustkeil zur Klingenabschlag-Technik, Retusche
16.000 - 9.500 v. Chr. Jüngere Altsteinzeit	Magdalénien	Eiszeitliche Jäger, Klingen mit umlaufender Retusche und schräger Stichelspitze
5.800 - 1.600 v. Chr. Jungsteinzeit		Sesshaftigkeit, Anbau von Getreide, geschliffene und angebohrte Steingeräte
750 - 450 v. Chr. Ältere Eisenzeit	Hallstattkultur	Eisenverarbeitung
450 - 15 v. Chr. Jüngere Eisenzeit	Latènekultur	
15 v. Chr. - 476 n. Chr. Römische Kaiserzeit	Römer und Germanen	Westlich des Rheins Romanisierung, östlich Weiler und Gehöftsiedlung

Jäger von Vogelheim

5.

Die ersten Menschen im Ruhrgebiet und der Archäologische Pfad in Essen

Der bislang älteste bekannte Nordrhein-Westfale lebte vor mehr als 200.000 Jahren auf dem Gebiet der heutigen Stadt Essen. Den Nachweis führte kenntnisreich der damalige Leiter des Ruhrlandmuseums, Ernst Kahrs. Seit 1910 war er erst als ehrenamtlicher Mitarbeiter, dann als Leiter des Ruhrlandmuseums und als Forscher tätig. Sein Wissen um die Geologie und die Archäologie war ihm bei der Deutung seiner Funde von großem Nutzen, so auch bei dem bis heute ältesten Fund, der die Anwesenheit von Menschen auf dem Gebiet des heutigen Nordrhein-Westfalen belegt.

1926 war Kahrs an einer Grabung im Zusammenhang mit dem Bau des Rhein-Herne-Kanals beteiligt. In der großartigen und heute noch in den Fakten größtenteils gültigen Zusammenfassung seiner Arbeit von 1949 „Aus Essens Vor- und Frühgeschichte" lässt uns der Wissenschaftler authentisch miterleben, wie der berühmte Fund geborgen wurde:

„Wie stand es nun mit dem Menschen jener Zeit, die, rund gerechnet, 200.000 Jahre vor unserer Zeitrechnung lag? Ein glücklicher Zufall, aber auch die Aufmerksamkeit der von uns entsprechend unterrichteten Erdarbeiter, gab uns eines Tages nach langem, vergeblichem Suchen Antwort auf diese Frage. Glücklicherweise wurde der Löß nicht abgebaggert, sondern von Hand abgestochen. Als dabei eine der alten Oberflächen im oberen Teil des Lösses angeschnitten wurde, stieß einer der Arbeiter auf einen Stein. Es war eine Feuersteinklinge des Eiszeitmenschen. Gar nicht weit von einem kleinen sanderfüllten Bachlauf entfernt kam sie an das Tageslicht. Dazu kamen auf der gleichen Oberfläche dann einige Knochensplitter, wurde endlich noch an anderer Stelle im Löß der vom Feuer angekohlte Mittelfußknochen eines Löwen gefunden. Der Beweis war damit erbracht, dass der Mensch bereits vor der Übergletscherung unseres Gebietes hier lebte."

In der City von Essen haben Archäologen einen Pfad in die Geschichte der Stadt geschaffen. 16 Hinweistafeln weisen auf die Ergebnisse von Ausgrabungen hin.

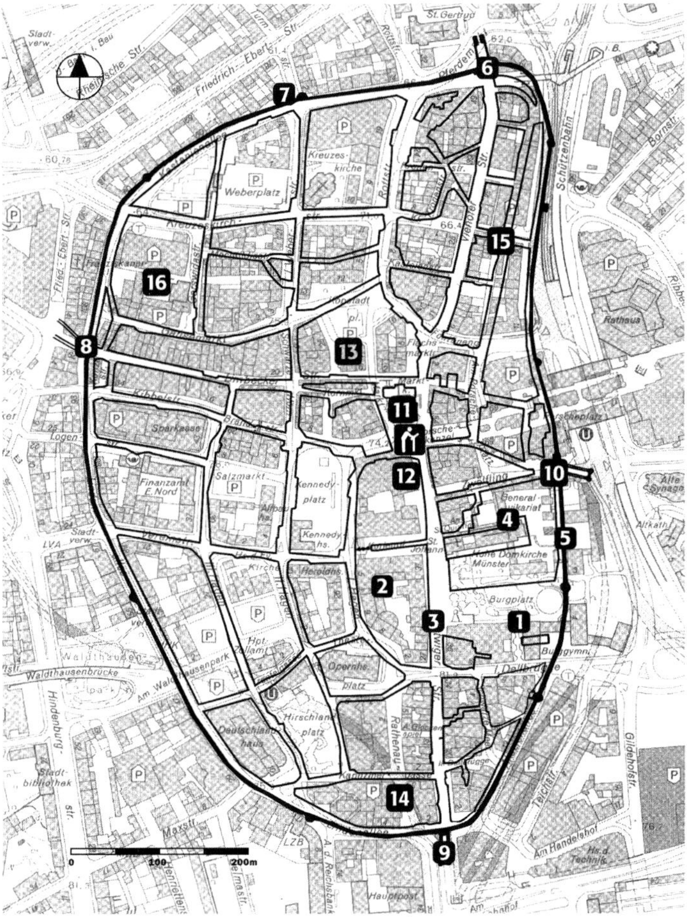

Lage der mittelalterlichen Stadt im modernen Stadtzentrum

 Zentrale Orientierungstafel auf dem historischen Marktplatz

1 Burgplatz
2 Häuser im Stiftsbezirk
3 Mittelalterlicher Friedhof
4 Kreuzgang des Münsters
5 Abteigebäude
6 Viehofer Tor
7 Heckingsturm
8 Limbecker Tor
9 Kettwigwer Tor
10 Steeler Markt
11 Marktkirche
12 Rathaus und Markt
13 Hospital zum Heilgen Geist
14 Kapuziner Kloster
15 Beginenkonvent Beim Turm
16 Synagoge in der Gerswidastraße

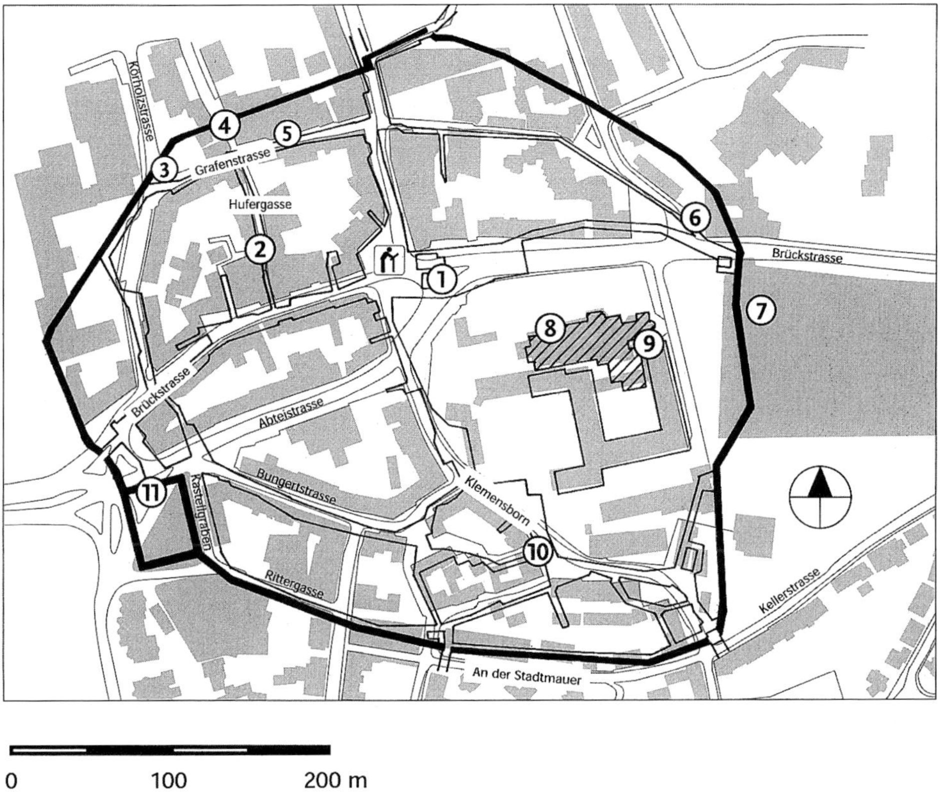

(Symbol)	Zentrale Tafel
1	Nikolauskapelle
2	Hufergasse/Romanisches Haus
3	Körholzstrasse
4	Hufergasse
5	Grafenstrasse 47
6	Propsteistrasse
7	Brückstrasse
8	Abtei und Abteikirche
9	Stephanskapelle
10	Klemensborn
11	Kastell

Im Essener Stadtteil Werden führt der Archäologische Pfad zu zahlreichen aufstehenden Geschichtsdenkmälern.

Diese Klinge, Vogelheimer Klinge genannt, ist eines der wertvollsten Zeugnisse aus der Geschichte der Ruhrregion, die in der archäologischen Abteilung des Ruhrlandmuseums verwahrt wird. Kahrs Beschreibung der Fundumstände lässt vermuten, dass eine kleine Horde von Jägern an einem Bachlauf lagerte, dort Beute sammelte und verwertete, wie der Fußknochen des Löwen belegt. Die 8,3 Zentimeter lange Klinge ging dabei verloren, um nach rund 200.000 Jahren wiedergefunden zu werden. Der letzte große Eisvorstoß des Quartärzeit, die Weichseleiszeit, erreichte diesen Rastplatz nicht mehr.

Vor zehn Jahren richtete die Stadt Essen die Stelle des Stadtarchäologen ein, die mit Dr. Detlef Hopp besetzt wurde. Im Verlauf dieser Zeit hat der gebürtige Essener über 1200 Fundstellen entdeckt, die ein zeitliches Spektrum von der Altsteinzeit bis in die Neuzeit abdecken. Hopp sagt von sich selbst: „Ich habe in jedes Loch geschaut!“ Seine Befähigung als Archäologe erwarb er an in der Ruhruniversität Bochum. Dort studierte er Vor- und Frühgeschichte, Klassische Archäologie, Humanbiologie und Paläoanthropologie. In zahlreichen Publikationen und Ausstellungen konnte die Öffentlichkeit erleben, dass die Geschichte der Stadt Essen Hunderttausende von Jahren vor der Industrialisierung begonnen hatte, obwohl man gerade der Zeit von der Mitte des 19. Jahrhunderts bis heute besondere Aufmerksamkeit schenkte. Die Archäologie gab den Menschen nicht nur in Essen eine historische Identität zurück, einer Stadt, die durch die Zerstörungen des Zweiten Weltkrieges ihrer Zeugnisse beraubt war. Auch in Duisburg und Dortmund gibt es vorbildliche Stadtarchäologien, während in den anderen Bereichen die Landschaftsverbände für die archäologische Denkmalpflege zuständig sind und uns ebenso zu wertvollen Erkenntnissen verhelfen.

Im Winter 1997/98 konnte Hopp einen Fund melden, der, wie die Vogelheimer Klinge, in die Altsteinzeit zurückweist. Die Stadtarchäologie wird unter anderem immer dann tätig, wenn in Essen gebaut wird. Bei den Bauarbeiten zu einer Altenwohnanlage in Essen-Frohnhausen müssen eiszeitliche Schichten angeschnitten worden sein. Im Rahmen von Nachuntersuchungen fanden Mitarbeiter von Hopp ein schon in fossilen Zustand übergegangenes Fragment eines Rothirschgeweihes. Nach Einschätzung der Geologen vom Ruhrlandmuseum gehören die Schichten aus dem Fundzusammenhang in den älteren Abschnitt der Weichseleiszeit. Auf dem Geweihfragment waren Gebrauchsspuren, Abnutzungsspuren unterhalb der Rosette zu erkennen. Es muss in der Altsteinzeit als eine Art Hammer benutzt worden sein. In der Nähe des Geweihhammers lagen Feuersteinbruchstücke mit Retuschen, die folglich von Menschenhand dorthin gelangt waren.

Feste Siedlungen kannten die Jäger der Altsteinzeit nicht. Sie zogen den Wildtierherden nach, um Beute zu machen. Funde wie der Geweihhammer aus Frohnhausen deuten auf Jagdlager hin, die über längere und kürzere Zeiten während der „Jagdsaison“, auch zu Festen oder rituellen Handlungen, genutzt worden sind. Einzelfunde lassen keine genaueren Rückschlüsse zu. Im Essener Süden, auf den Höhen südlich der Ruhr, hatten ehrenamtliche Helfer der Stadtarchäologie

Der älteste Nachweis für Menschen im Ruhrgebiet und Nordrhein-Westfalen überhaupt: Die Vogelheimer Klinge, die vor rund 200.000 Jahren „verloren" wurde.

über Jahre bei Feldbegehungen in Fischlaken immer wieder Feuersteingeräte gefunden. Im Frühjahr 1996 pflügte eine Bauer auf diesen Äckern Holzkohlespuren an die Oberfläche. Eine Sondage brachte die Verfüllung einer Grube zutage, und im Füllmaterial lagen einige Feuersteinklingen. Mittels einer C14-Analyse des Grubeninhalts konnte derselbe in die Zeit um 30 800 v. Chr. datiert werden, also die Altsteinzeit, genauer in die Kulturstufe des Aurignácien. Der 1998 angesetzten neunwöchigen Grabung ging eine Prospektierung des Geländes voraus, in der die Einzelfunde auf der verdächtigen Fläche eingemessen wurden. Die Grabung führte bis auf den alten Geländeboden hinab, auf dem sich Spuren eines ausstreichenden Steinkohlenflözes und Reste der „Grube" fanden, die den Hang hinunter ausgeflossen war. Den ursprünglichen altsteinzeitlichen Lagerplatz konnte die Grabung nicht fassen, allerdings zahlreiche kleine Feuersteinartefakte und zwei große Klingen.

Die einzelnen Funde aus den unterschiedlichen Epochen der Vor- und Frühgeschichte sind an dieser Stelle nur schlaglichtartig zu beleuchten. Fundkarten des Stadtgebietes zeigen eine Zunahme der Funddichte für die Jungsteinzeit, in der sich die Lebensweise der Menschen grundlegend änderte. Aus den Jägern und Sammlern wurden Bauern, die Felder bestellten, Vieh züchteten und in festen Häusern wohnten. Der Werkstoff blieb der gleiche wie in der Alt- und Mittelsteinzeit, jedoch verfeinerten die jungsteinzeitlichen Bauern die Herstellung. Sie schliffen die Steingeräte, durchlöcherten sie und versahen sie mit Holzschäften. Ein sorgfältig retuschierter Feuersteindolch aus Essen-Schönebeck zeigt das hohe handwerkliche Können. Leider ging im Zweiten Weltkrieg die Dokumentation einer Grabung in Fulerum verloren, die etwas über Bestattungssitten der Jungsteinzeitbauern hätte erzählen können. Sogenannte Kreisgraben-Gräberfelder wies der Befund auf. Eine andere Art der Bestattung in der Jungsteinzeit konnte als Bodendenkmal erhalten werden, die Steinkiste an der Kaserne in Kupferdreh. Während der Jungsteinzeit war offensichtlich der Bau von kleineren und riesigen Steingräbern in Mode gekommen. Unsere Steinkiste, von der hier die Rede ist, mag nur als kleine Ausgabe gelten, im Vergleich zu den riesigen Ganggräbern, wie sie noch im Hümmling im Emsland zu sehen sind.

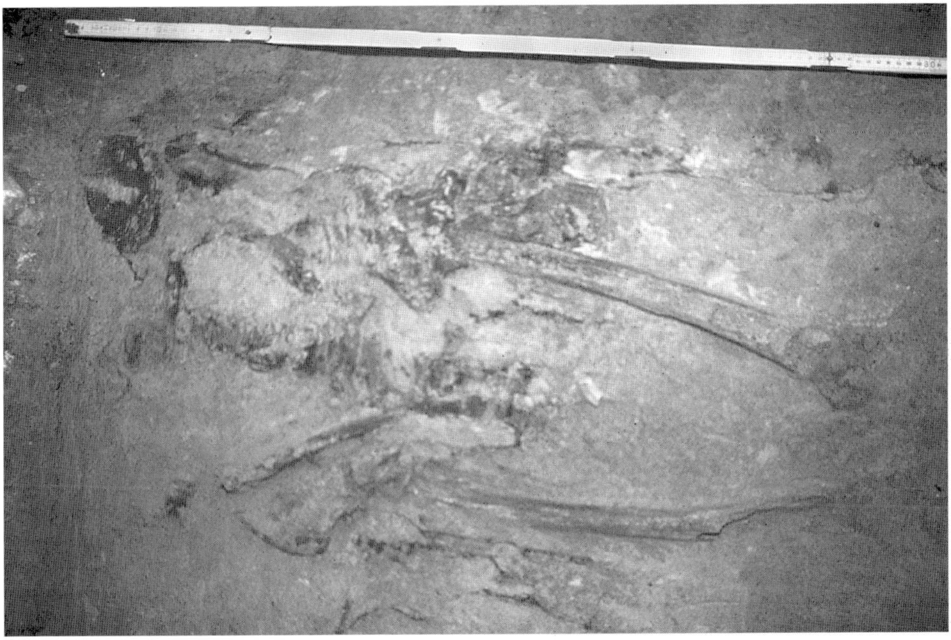

Bei Baustellenbeobachtungen in der Essener Innenstadt entdeckten die Stadtarchäologen ein mittelalterliches Gräberfeld.

Eindrucksvolle Belege zur Wohnkultur der jungsteinzeitlichen Bauern stammen aus Bochum. Die dorfähnlichen Siedlungen mußten gegen Feinde und wilde Tiere geschützt werden. In B.-Harpen umzog ein 0,50 Meter tiefer und 1,60 Meter breiter Graben ein Rondell. Der Graben wurde von acht Durchlässen durchbrochen. In Bochum-Laer bot sich ein ähnliches Bild. Hier schützte ein 1,50 Meter breiter Graben, der auch von Erdbrücken durchbrochen wurde, das Dorf. Auf der 60x65 Meter messenden Fläche innerhalb der Befestigung stießen die Ausgräber auf den Grundriss eines trapezförmigen Hauses. Einer der größten Hausgrundrisse jener Zeit stammt aus Bochum-Hiltrop. In vielen Museen Deutschlands stehen Rekonstruktionen der jungsteinzeitlichen Wohnanlage vom Hillerberg in Bochum. Das zentrale Haus war ungewöhnlich groß und dürfte mit 65 Metern Länge einer der größten Hausgrundrisse dieser Zeit sein, die jemals gefunden wurden. Aus den Bodenverfärbungen ließen sich die Standorte der Stützpfosten rekonstruieren. Der Grundriss war leicht trapezförmig, der Eingang lag vermutlich auf der der Hauptwindrichtung entgegengesetzten Seite und scheint durch vorspringende Seitenwände geschützt gewesen zu sein.

Es gab Spuren von zwei Trennwänden, deshalb könnte es sein, dass die Wohnungs- und Stallbereiche abgetrennt waren. Neue Erkenntnisse über die jungsteinzeitliche Lebensweisen konnten in Dortmund gewonnen werden, mehr darüber im Kapitel „Bauern und Schmiede entdeckten ihre Vorliebe für Oespel und Marten: Siedlungskammer von der Steinzeit bis heute!“

Detlef Hopp und seinem Team verdankt die Stadtarchäologie im Ruhrgebiet die Popularität, die sie hier genießt. In regelmäßigen Ausstellungen im Rathaus werden die aktuellen Funde präsentiert. Richtig spannend wird es, wenn die Ausgräber vor den Augen der Bevölkerung agieren. Die Grabungen im Bereich der Kettwiger Straße, Essens Fußgängerzone, lieferten archäologische Forschung zum Einkaufsbummel. Zwischen 1992 und 1996 fanden umfangreiche Bauarbeiten in diesem Bereich statt, die von der Stadtarchäologie begleitet wurden. Dabei fanden die Wissenschaftler Hinweise auf wesentlich ältere Überlieferungen der Stadtgeschichte als die schriftlich festgehaltenen, etwa im Zusammenhang mit Altfrid, der 852 das freiweltliche Damenstift auf dem Gelände der heutigen Münsterkirche gegründet haben soll.

Der Bogen von den Altsteinzeitjägern in Vogelheim, Frohnhausen und Fischlaken zur Essener Kernstadt läßt sich durch die Untersuchungen zwischen 1992 und 1996 leicht schlagen. Am „Pferdemarkt“ auf dem langgestreckten Geländesporn, der von der Innenstadt eingenommen wird, lag in einer Baugrube ein Wildschweinknochen mit Ritzspuren, verursacht durch ein Steinwerkzeug. Dieser Knochen wurde gegen Ende der Altsteinzeit von Jägern mit ihren Werkzeugen behandelt. Die heutige Essener City wirkte schon vor rund 10.000 Jahren anziehend auf Menschen.

Dank der archäologischen Forschung wissen wir, wie das mittelalterliche Essen ausgesehen hat. Besucher wandeln auf einem „Archäologischen Pfad“, auf dem Hinweistafeln die Fundpunkte und die Ergebnisse der Untersuchungen kenntlich machen. 16 Punkte kann der Besucher auf diesem ungewöhnlichen Pfad aufsuchen.

Besucher der Kettwiger Straße in Essen liefen jahrelang über die Sklette ihrer im Mittelalter verstorbenen Mitbürger. Baustellenarbeiten und archäologoischer Spürsinn lüftete das Geheimnis.

Ausgrabungen im Kreuzgang der Münsterkirche weisen in vorchristliche Zeit zurück und zugleich auf einen Zustand, den die Industrialisierung hervorgerufen hat. Vierzig steinzeitliche Feuersteintrümmer sind offensichtlich mit angeschüttetem Boden in den Bischofsgarten gelangt. Kohlengräberei und Verhüttung sorgten ab der Mitte des 19.

Jahrhunderts dafür, daß das unterste zuoberst gekehrt wurde, es wurde aufgeschüttet und angekippt. Um so erstaunlicher ist es, daß ungestörte Schichten Archäologen trotzdem die Möglichkeit geben, nach Antworten auf unterschiedliche Fragestellungen an die Geschichte zu suchen.

Das Publikum der Fußgängerzone wird sich kaum vorgestellt haben, seit Jahrzehnten den Toten auf den Köpfen herumgetrampelt zu haben. Beobachtungen der Archäologen während der Verlegung von Versorgungsleitungen unter der Einkaufsmeile führten zur Entdeckung eines Gräberfeldes. Die ältesten Gräber weisen in jene Zeit zurück, als das römische Imperium unterging und Merowinger und Franken die Macht übernahmen. Rund 60 Bestattungen eines größeren Gräberfeldes lagen in sechs Schichten übereinander. Besondere Aufmerksamkeit verdient das Grab 42b, weil es durch seine Beigaben in die Merowingerzeit weist. Die aus dünnem Bronzeblech gefertigte gerippte Perle stellt wohl den Rest einer Kette dar, die im 6. oder 7. Jahrhundert hergestellt wurde. Zur Nekropole gehören wohl sichere Siedlungsspuren im Kreuzgang der Münsterkirche. Möglicherweise stand an dieser Stelle ein größeres Gehöft.

Über die zuoberst liegenden Bestattungen des Gräberfeldes müssen schon im 14. Jahrhundert Karren hinweggerumpelt sein, deren Wagenspuren sich in die Gräber hineingedrückt haben. Neben den Wagenspuren lagen auf dem Vorläufer der Kettwiger Straße Keramikscherben aus dieser Zeit. Im Frühjahr 1995 fanden die Archäologen weitere Gräber direkt vor der Marktkirche. Neben mittelalterlichen Scherben, die zum Fundgut gehörten, war es besonders ein Denar der Essener Äbtissin Katharina von der Mark (1337 - 1360), der eine Sensation darstellte. Von dieser Münze aus Essener Prägung existieren europaweit nur drei Exemplare!

Der Stadtteil Werden legte ebenfalls einen Archäologischen Pfad an, der die Besucher in die Geschichte entführt. Werden nahm durch die gleichnamige Abtei, in der Ludgerus wirkte, in Deutschland eine gewichtige Position ein. In der Schatzkammer der Abteikirche werden zwei Säulen verwahrt, die aus dem Kalksinter der römischen Wasserleitung gefertigt wurden. Diese Leitung führte Frischwasser aus der Eifel ins römische Köln. Bisher sind keine archäologischen Zeugnisse bekannt geworden, die die Anwesenheit der Römer im Essener Gebiet belegen. Tacitus berichtet zwar von einem Wald, den er „silva Caesia“ nennt, durch den der römische Feldherr Germanicus 14 n. Chr. gegen die Marsen gezogen sei, um das Heiligtum der Tanfana zu vernichten. „Silva Caesia“ hieß später Chaisiwald und heute Heissiwald.

Vielversprechend erscheint ein germanischer Siedlungsplatz in Essen-Burgaltendorf nahe eines alten Ruhrüberganges. Besonders schön sind die Fragmente von grünen Glasbechern mit sogenannter Fadenauflage, die aus einer fränkischen Glashütte stammen, die noch in römischer Tradition arbeitete. Die Keramik aus dieser Siedlung, in der wohl auch Metall verarbeitet wurde, stellt scheibengedrehte Ware römischer Art und germanische Gefäße mit Fingernageleindrücken und Kammstrichverzierung dar.

Die Grabungen in diesem Bereich sind noch nicht beendet. Die archäologische Forschung wird auch in Zukunft noch spannende Zeugnisse aus der Geschichte Essens und des Ruhrgebietes hervorbringen.

Zum Schluß sei noch auf den Rest eines menschlichen Oberschenkels vom „Blücherturm“ in Essen-Rellinghausen hingewiesen. Mit Mitteln der Gerichtsmedizin wurde dieser Knochen untersucht und dabei festgestellt, daß er durch einen heftigen Schlag mittels eines scharfen Gegenstandes (Schwert) vom Rumpf abgetrennt worden war. Am Blücherturm hielten im 16. Jahrhundert die Hexenjäger ihre Prozesse ab. Es ist möglich, daß der Oberschenkel von Rellinghausen an das erbarmungswürdige Opfer eines Essener Hexenprozesses erinnert.

6. *Archäologen gaben Duisburg seine Geschichte zurück*

„Dies zeigt, wie folgenreich auch hier der Zweite Weltkrieg ist, wie stark wir durch die Kriegsereignisse von unser gewachsenen, uns umgebenden Vergangenheit, einem Teil unserer Identität, abgeschnitten worden sind." Günter Krause

Dieser Satz des Archäologen Günter Krause, des Vaters der Stadtarchäologie im Ruhrgebiet, besitzt für Duisburg im speziellen und für die Ruhrregion im allgemeinen Gültigkeit. Letztendlich verdanken die Menschen an Ruhr und Lippe den Nachfolgern Heinrich Schliemanns die Wiedererlangung ihrer historischen Identität, die nicht erst von Kohle und Stahl seit der Mitte des 19. Jahrhunderts geprägt wird, sondern deren Wurzeln in viel ältere Zeiten zurückreichen.

In Duisburg lebte der berühmte Kartograph Gerhard Mercator. Ein Schüler des Meisters war Johannes Corputius, der 1566 einen detaillierten Stadtplan der alten Hansestadt zeichnete. Er gab den Archäologen den „Leitfaden" an die Hand, die sich aufmachten, Duisburgs Geschichte wieder sichtbar zu machen. Den Ausschlag gab die Neuverlegung einer Gasleitung durch die Stadtwerke im Jahr 1980. Zwischen Salvatorkirche und Rathaus schnitt der Leitungsgraben eine alte Mauer an, den Rest einer ottonischen Königspfalz. Günter Krause, damals Leiter des Niederrheinischen Museums in Duisburg, ging der Angelegenheit mit Fachleuten und einer großen Anzahl ehrenamtlicher Helfer auf den Grund. Krause und seine Grabungsteams entlockten dem Boden eine so große Menge an Informationen, dass deren Aufarbeitung bis auf den heutigen Tag anhält. Dieser Schub veranlaßte die Stadt Duisburg beispielhaft, ein städtisches Institut für Denkmalschutz und Denkmalpflege zu gründen. Damit verfügt die Stadt als einzige Kommune in Nordrhein-Westfalen über eine Institution, in der die staatlichen

Aufgaben der Stadtarchäologie und der Baudenkmalpflege zusammengefasst sind. Inzwischen besitzen auch die Städte Essen und Dortmund ähnlich erfolgreiche Einrichtungen.

Als Folge der Untersuchung des Bauloches am Rathaus entwickelte sich die systematische archäologische Prüfung der Keimzelle der Stadt Duisburg. Es gelang, eine fünf Meter mächtige Schichtenfolge freizulegen, die Einblicke in einen Zeitraum vom 5. Jahrhundert bis in die Gegenwart gab.

Duisburgs Lage am Zusammenfluß von Rhein und Ruhr, die somit günstigen Verkehrswege zu Land und zu Wasser, bewog schon die Römer, in augusteischer Zeit in Asciburgium ein Militärlager zur Sicherung der Ruhrmündung anzulegen. Unter der Herrschaft von Tiberius, Vespasian und Nero erfuhr dieses Lager mehrere Veränderungen. Von dem Einfall der Franken zeugen mindestens zehn Friedhöfe nördlich und südlich der Ruhr. Als friesische Händler gegen Ende des

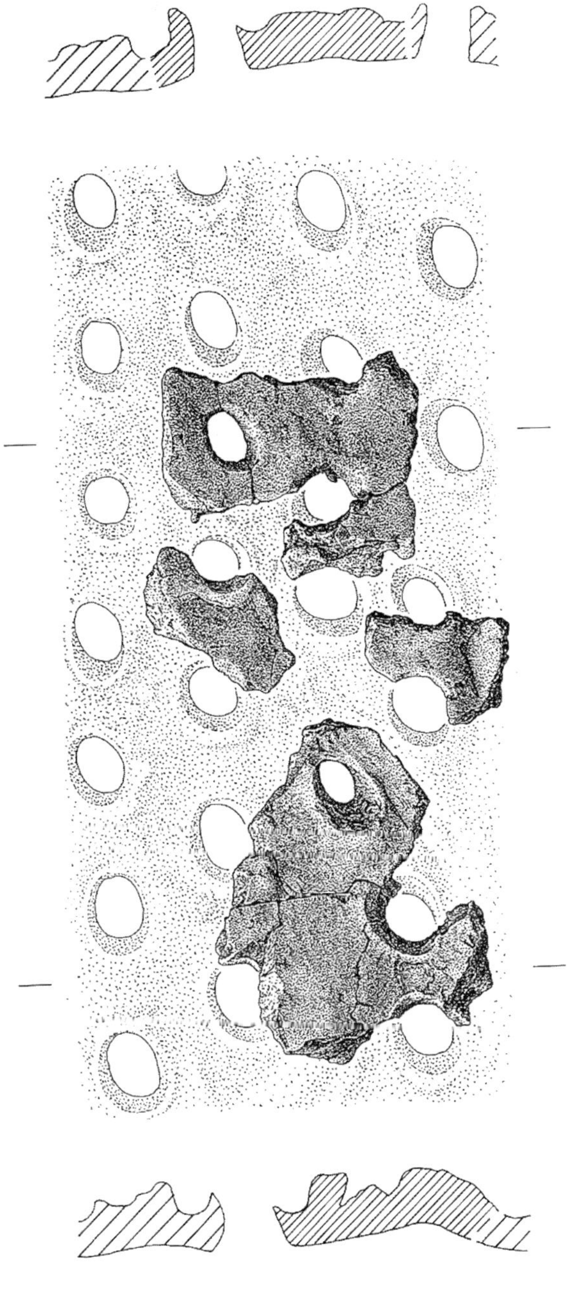

Reste einer sogenannten „Lochtenne" aus der Grabung im Angerbogen. Lochtennen gehörten in Töpferöfen. Auf ihnen wurden die zu brennenden Gegenstände abgestellt.

9. Jahrhunderts auf dem Gebiet zwischen Niederstraße und Stadtmauer eine Siedlung gründeten und den Fernhandel kontrollierten, bekamen sie 883 kriegerischen „Besuch“ von den Wikingern, die mit Feuer und Schwert wüteten und bis 884 blieben. Mit diesem Ereignis beginnt die geschriebene Geschichte der Stadt, die durch ihre direkte Lage am Rhein und den Handel immer bedeutender wurde. Eine Königspfalz, deren Mauer bei der Verlegung der Versorgungsleitung im Boden sichtbar wurde, schützte die blühende Siedlung. Um 1120 errichteten die Duisburger eine Stadtmauer, wohl eine der frühesten im Rheinland. Die Natur bremste den Aufschwung: Um 1200 verlegte der Rhein seinen Hauptarm um rund zwei Kilometer nach Westen, der Hafen fiel trocken, die Geschäfte verödeten.

Erst in der Mitte des 16. Jahrhunderts erholte sich Duisburg von der Schlappe, als es verfolgten Protestanten Asyl gewährte, die das Textilgewerbe aufbauten. Unter den Flüchtlingen war der Gelehrte Gerhard Mercator aus dem belgischen Löwen, der einen besonderen Ruf als Kartograph genoß. Einer seiner Schüler, Johann Corputius, zeichnete die Stadtansicht, die es den Archäologen in unseren Tagen erlaubte, das historische Bild Duisburgs aus dem Boden hervorzuholen und sichtbar zu machen. Günter Krause und seine Grabungsteams bargen auf dem Alten Markt, der, wie beschrieben, vor 1200 direkt am Rhein lag, Momentaufnahmen aus dem Leben der Menschen jener mittelalterlichen Zeit. In dem 5 Meter mächtigen Profil der Marktgrabung zeigten sich unterschiedliche Laufhorizonte, die Reste von Bauten und handwerklichen Produktionsstätten, Keramik- und Metallreste, Holz, Leder, Knochen und Pflanzenreste enthielten.

Besucher des Duisburger Marktes vor 1500 Jahren werden häufiger nasse Füße bekommen haben. Sie wateten mit leichten Lederschuhen durch den aufgeweichten Boden, mussten ihre Karren durch den knöcheltiefen Schlamm schieben. Immer wieder ließen sich diese Bilder aus den gefundenen Laufhorizonten rekonstruieren. Augenblicke der Geschichte hielt der Boden wie eine Fotografie fest: Menschen bewegten sich hin und her, wichen Karren aus, die von Eseln oder Pferden gezogen wurden. Im Gedränge fielen Münzen zu Boden, gingen tönerne Gefäße zu Bruch. Um den Markt begehbarer zu

machen, schütteten die Betreiber der Marktstände Sand auf, der diese Spuren ausfüllte, die in unseren Tagen dank der Ausgräber wieder auftauchen.

Rekonstruktion eines eisenzeitlichen Hauses aus der Siedlung Angerbogen in Duisburg.

Da es im Mittelalter keine geordnete Abfallbeseitigung gab, blieben die Fisch- und Fleischabfälle und auch pflanzlicher Abfall einfach auf dem Boden liegen. Schmiede, Schuster, Korbflechter und andere Handwerker in der Nähe des Marktes gingen mit ihren Materialresten ebenso sorglos um. Deshalb sind die archäologischen Profile des Alten Marktes auch Archive für Umweltsünden. Erstmals spürten die Duisburger Ausgräber auch den Umweltaspekten der Grabung nach und stellten Schreckliches fest. Schon die frühesten Marktaktivitäten des 5. Jahrhunderts hatten eine Erhöhung des Schwermetallgehaltes im Boden zur Folge, die Werte des 12./13. Jahrhunderts reichten gar an heutige festgelegte Grenzwerte heran. Bei Chrom, Kupfer, Arsen und Cadmium wurden sie in Einzelfällen sogar überschritten.

Corputius stellt auf seinem Stadtplan auf dem Gelände des Alten Marktes eine Markthalle dar. Der letzte bekannte Zustand dieses Gebäudekomplexes waren ein Doppelhaus

In der archäologischen Zone hinter dem Duisburger Rathaus blieben Ausgrabungssituationen offen. Rekonstruktionen zeigen Gebäude des historischen Marktplatzes der Stadt.

aus Fachwerk und ein Ziegelhaus mit gotischen Treppengiebeln. Während des Zweiten Weltkrieges zerstörten Bomben das Ensemble, das bei den Aufräumarbeiten planiert wurde. Erst die Ausgrabungen holten es in das Bild Duisburgs zurück, zumindest in den Grundmauern, später als Modell und Mittelpunkt der „Achäologischen Zone“ in Duisburg, die den Bürgern und Besuchern Duisburgs ein Bild vom Kernstück Duisburger Geschichte.

Erst die Grabung lieferte die Belege dafür, dass schon um die Wende vom 13. zum 14. Jahrhundert das marktseitig unterkellerte Doppelgebäude errichtet worden ist. Wenig später muss es zum Anbau der großen, auf beiden Schmalseiten offenen zweischiffigen Halle mit dem Treppengiebel gekommen sein. Genau diesen Zustand zeichnete Corputius.

Die Grabungen im Duisburger Altstadtbereich rekonstruierten große Teile des Stadtmauerverlaufs, das Zentrum des fränkischen Duisburgs auf dem Burgplatz (vor dem heutigen Rathaus), die Außenmauer des Pfalzbezirkes aus dem

Ein Klumpen Ton und der Rest einer Lochtenne (siehe Abbildung Seite 55) in der eisenzeitlichen Siedlung vom Angerbogen belegen die handwerklichen Kenntnisse der Menschen um 500 v. Chr.

12./13. Jahrhundert, Gebäudeteile eines Minoritenklosters, darunter die festungsmäßig ausgebaute Klosterlatrine, deren Inhalt in den Stadtgraben vor der Mauer entleert wurde.

Die Zahl der bei den Ausgrabungen entdeckten Keramiken, Gläser, Werkzeuge und Materialien einer Schiffswerft geht in die Tausende und harrt in den Archiven noch der genauen Bearbeitung.

Auch nach dem Ruhestand von Günter Krause legten die Archäologen in Duisburg nicht die Hände in den Schoß. Unter Krauses Nachfolger, Tilman Bechert, einem ausgewiesenen Kenner der provinzialrömischen Geschichte und Ausgräber des römische Kastells Asciburgium, gibt es wieder aufregende Entdeckungen zu vermelden. Zum Beispiel die Siedlungsreste am sogenannten „Angerbogen" im Süden der Stadt bei Duisburg-Huckingen. Da es zahlreiche Keramikfunde gab, lässt sich die Siedlung recht gut in die frühe Eisenzeit, also etwa 500 v. Chr., datieren. Sie bestand etwa 100 Jahre lang. In dem Weiler standen mehrere Höfe, von denen einige wenige Pfostenlöcher im Boden ließen die Rekonstruktion von mindestens zwei Häusern zu. Alle anderen Spuren sind durch modernes Tiefpflügen vernichtet worden. Aufschluss über das Leben der Menschen lieferten die zahlreichen Abfall- und Vorratsgruben. Dabei stellte sich heraus, dass während der „Eisenzeit“ die Verwendung des Eisens ausgesprochen selten war. Den Fragmenten zweier Eisenmesser steht eine Vielzahl von Feuersteinwerkzeugen gegenüber. Folglich war der Feuerstein noch lange in den eisenzeitlichen Kulturen in Gebrauch. In der Siedlung am Angerbogen lebte ein Töpfer, dessen Grundmaterial die Archäologen in einer Grube fanden: einen 30 Kilogramm schweren Tonklumpen. Die Lochtenne, Rest eines tönernen Rostes aus dem Keramikofen, auf dem das Töpfergut im Brennofen deponiert wurde, lieferten den weiteren Beweis für die Tätigkeit des eisenzeitlichen Töpfers.

Die Bauern um 500 v. Chr. lebten von Ackerbau und Viehzucht. Davon zeugen Haustierknochen aus der Grabung. Das Fleisch benötigten die Menschen zur täglichen Nahrung, die Wolle wurde zu Stoffen für die Kleidung verwoben. Zahlreiche Spinnwirtel aus Ton bezeugen diese Tätigkeit.

Das Dorf am Angerbogen muss von mehreren Wasserläufen umgeben gewesen sein, aus denen die eisenzeitlichen Bauern Fische zur Verfeinerung ihres Speisezettels fingen. Spätere Siedler bevorzugten das weiter nördliche gelegene Gelände, aus dem archäologische Zeugnisse des 6. Jahrhunderts bekannt sind.

Tilmann Bechert und sein Team informieren die Duisburger Bevölkerung durch regelmäßige Publikationen über ihre Arbeit. Seit 1995 erscheint die Schriftenreihe „Archäologie vor Ort“.

Bauern und Schmiede entdeckten ihre Vorliebe für Oespel und Marten

7.

Siedlungskammer von der Steinzeit bis heute

Gemeinsam sind allen Märchen die Überreste eines in die älteste Zeit zurückreichenden Glaubens, notierte der Märchensammler Wilhelm Grimm. Archäologen gelingt es zuweilen, einen Teil der immer weiter gereichten Überlieferung sichtbar zu machen, und sie decken in diesem Fall gleichzeitig den Hintergrund für uralte Spukerzählungen auf. Zerstören sie durch ihre Arbeit Geheimnisse? Keineswegs, sie vergrößern den Raum des Staunens, weil sie zeigen, wie weit zurück menschliches Erinnern reichen kann. So erzählten sich die Leute in den ehemaligen Dörfern Oes-

In der geputzten Grabungsfläche zeichnen sich die Grundrisse jungsteinzeitlicher Häuser und die schlüsselochförmigen bronzezeitlichen Grabgrundrisse deutlich ab. Die Grabungen in Oespel/Marten in Dortmund gehören zu den größten Glücksfällen der archäologischen Forschung im Ruhrgebiet.

Henriette Brink-Kloke, Leiterin der Stadtarchäologie in Dortmund, befreit die Urne eines bronzezeitlichen Schlüssellochgrabes vom umgebenden Erdreich.

pel und Marten, heute Stadtteile von Dortmund, dass es im Umfeld einer alten Wegekreuzung des Hellweges spuke. Archäologen fanden die Ursache für die Spukgeschichten heraus und auch den Grund, warum diese beiden Dörfer nicht direkt an der Wegekreuzung, sondern jeweils einen Kilometer südlich und nördlich davon erbaut wurden. Ein Gräberfeld war der Grund für die Zurückhaltung.

Gefäß der Jungsteinzeit mit dem typischen Rössener-Dekor.

Im Westen Dortmunds, zwischen Oespel und Marten, kreuzt den Hellweg, die alte West-Ost-Fernverbindung, ein Weg von Nord nach Süd. Auf dem fruchtbaren Lößboden an den Ufern des Oespeler Baches siedelten kontinuierlich seit der Jungsteinzeit Menschen. Henriette Brink-Kloke, seit 1993 hauptamtliche Archäologin im Dienst der Stadt, fand an dieser Stelle mit ihren Grabungsteams die Wurzeln der heutigen großstädtischen Siedlung. Die Deutsche Forschungsgemeinschaft unterstützt in der Folge der Grabung ein Projekt, das die Veränderung der Landschaft an diesem Beispiel festmachen will.

In einem Zeitraum von 5.000 v. Chr. bis heute siedelten in dem beschriebenen Gebiet Menschen. Typisch für die erste große Bauernkultur in Mitteleuropa war der Getreideanbau. Das Anlegen von Vorräten war die Voraussetzung für Sesshaftigkeit. Diese Menschen wählten als Siedlungsgebiet für den Ackerbau besonders geeignete Lößlandschaften. Alle Kulturen der Jungsteinzeit sind nach ihrer jeweils typischen Keramik benannt. Sie lebten im Raum zwischen dem Pariser Becken im Westen bis hin zum Schwarzen Meer im Osten.

Woher die jungsteinzeitlichen Bauern von Oespel/Marten kamen, lässt sich nur sehr allgemein sagen. Irgendwann um 5.000 v. Chr. rodeten sie den Wald, bauten Häuser und Hütten und begruben auf einem nahe dem Dorf gelegenen Friedhof ihre Toten. In den siebziger Jahren fand Gerhard Kempa aus Bochum beim Bau der Autobahn 45 erste Hinweise auf jungsteinzeitliche Niederlassungen, nämlich Scherben, Speiseabfälle und Reste von Häusern der „Linienbandkeramiker“. Erst zwischen 1991 und 1995 gruben Dortmunder Archäologen systematisch das komplette Dorf der Nachfahren dieser Menschen aus, die nach den Mustern auf ihrer Keramik der „Rössener Kultur“ zugeordnet werden. Keramikfunde erlauben aufgrund ihrer Formensprache und Beschaffenheit eine zeitliche Einordnung der im Boden steckenden Zeugnisse. Die Menschen der Rössener-Kultur verwendeten zur Dekoration der Gefäße den Doppelstich, der einzeln, gereiht oder in Furchen ausgeführt und kombiniert wurde. Es entstanden so Winkelbänder und -stapel, Fransen, strich- oder strichgefüllte hängende Dreiecke und Zwickel. Manchmal füllten sie die eingeritzten Muster mit gelber, brauner oder rot getönter Masse aus.

Zu dem Dorf der Rössener-Menschen am alten Hellweg in Dortmund gehörten fünf bis sieben Häuser, die die Spuren ihrer Pfostenkonstruktionen als schwarze Verfärbungen im Boden hinterließen. Die Bauten, von denen einige über 30 Meter lang und 6-9 Meter breit waren, richteten ihre Baumeister von Nordwest nach Südost aus, damit sie nur mit einer Schmalseite der vorherrschenden Witterung ausgesetzt waren. Im Gegensatz zu den Hausgrundrissen der älteren Linienbandkeramiker zeigten die Grundrisse der Rössener-Menschen Trapezform. Die jungsteinzeitlichen Bauern

Jungsteinzeitliche Keramikgefäße aus der Grabung in Oespel/Marten.

spannten zwischen die Balken ein Rutengeflecht aus Holz und verputzten es mit Lehm. Aus anderen Rössener-Siedlungen sind Reste der Wände erhalten, die weißen Verputz und die typischen Ritzmuster, wie sie auch auf den Gefäßen zu finden sind, aufweisen.

Die Dachkonstruktion der Häuser stützte eine Firstpfostenreihe, die den Innenraum verstellte und die Nutzung einschränkte. Sind die Rössener-Häuser die Ahnen, so sind die noch erhaltenen Fachwerkhallenhäuser der Dörfer der beiden letzten Jahrhunderte die weiterentwickelten Enkel.

In der Nähe der geplanten Häuser gruben sich die Jungsteinzeitbauern das Material für den Hausbau. Sie benötigen eine Menge Lehm für den Bewurf der Wände und füllten die entstandenen Gruben mit Abfall oder Abbruchmaterial aus. In diese Abfallgruben gelangte auch ausgedientes Alltagsgerät: Getreidemühlen aus Stein, Werkzeugreste und Keramikfragmente. Andere Gruben dienten der Vorratshaltung. Noch in den fünfziger Jahren des 20. Jahrhunderts gab es in den Fachwerkhäusern der westfälischen Dörfer Erdkeller, die, in den Boden gegraben, zur Lebensmittelaufbewahrung und -speicherung dienten.

Im Mittelraum eines der Häuser fanden die Archäologen in einer Grube Asche, Scherben von drei Vorratsgefäßen, zwei Unterliegen von Getreidemühlen, ein Stück Rötel und einen Stößel. Rötel ist ein Roteisenerz und wurde zermahlen als Farbe verwendet. Seit der Altsteinzeit diente es den Menschen als Schminke und zur Körperbemalung. Bei den Höhlenmalereien wurde dieser natürliche Farbstoff ebenfalls verwendet. Auf der Basis dieses Wissens ist anzunehmen, dass es sich bei dieser Grube innerhalb des Hauses um eine Opfergrube handelte, an der kultische Handlungen vorgenommen wurden. Offensichtlich opferten die Bauern auch Lebensmittel, denn neben den Sachgegenständen lag auch Hirse. Mit Hirse und Dinkel tauchten in dieser Zeit neue Getreidesorten auf den Feldern der jungsteinzeitlichen Menschen auf.

Der Stein war immer noch das bevorzugte Grundmaterial zur Werkzeugherstellung. In der Dortmunder Siedlung ergrabene Steinwerkzeuge wie Stichel, Schaber und Kratzer konnten für unterschiedliche Tätigkeiten benutzt werden. Den Schuhleistenkeil benötigten die Menschen um 5.000 v. Chr. zur Holzbearbeitung. Klimatisch fällt die Rössener-Kultur in die Zeit des Atlantikums mit kälteren Wintern und wärmeren Sommern als heute. Ausgedehnte Eichen-, Ulmen- und Lindenwälder bedeckten das Land. Wer Häuser bauen wollte, musste Werkzeuge herstellen, um den Wald zu roden.

Die Ausgrabungen zwischen 1991 und 1997 rund um die Kreuzung Alter Hellweg und Overhoffstraße bei Oespel / Marten bescherten mit ihren Ergebnissen den Wissenschaftlern besondere Überraschungen, denn nach und nach deckten sie Siedlungsreste auf, deren Spuren von der Jungsteinzeit bis heute reichen. Derartige Kontinuität lässt sich selten so deutlich belegen, wie dies den Grabungsteams der Stadtarchäologie Dortmund gelungen ist. Störungen an den Grundrissen der jungsteinzeitlichen Häuser waren durch bronzezeitliche Gräber hervorgerufen. Luftbilder der Grabungsfläche besitzen gleichzeitig dokumentarischen und symbolischen Wert, denn die Grabanlagen haben die Form eines Schlüsselloches, der speziellen westfälischen Varian-

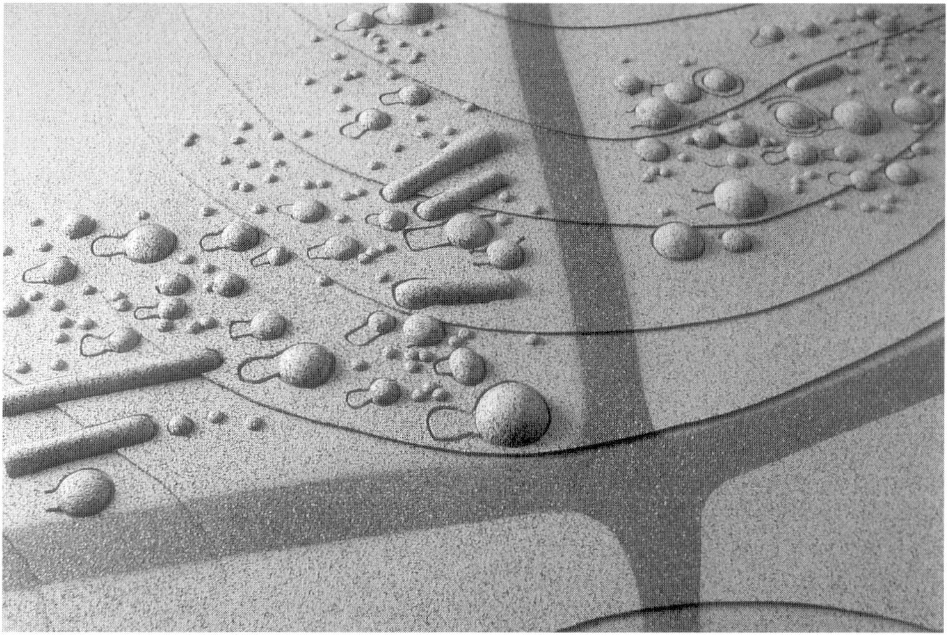

Modell der jungsteinzeitlichen Siedlung mit Langhäusern und den darüberliegenden bronzezeitlichen Gräbern.

te bronzezeitlicher Grabkultur. Durch diese „Schlüssellöcher“ gelingt es, einen Blick in die versunkenen Zeiten zu werfen.

Annähernd 300 Gräber liegen an dem Kreuzungspunkt und auf der Fläche des Dorfes, das um 5.000 v. Chr. angelegt wurde. Der Friedhof war rund 400 Jahre belegt, etwa von 1200 v. Chr. bis 800 v. Chr. Etwa in der Mitte des Kreises vom „Schlüsselloch“ stand in einer kleinen Grube das Tongefäß mit dem Leichenbrand. Vermutlich waren die Urnen abgedeckt, aber nur in zwei Fällen ist eine Tonschale als Deckel erhalten geblieben. 90 Prozent der Gräber sind Brandbestattungen, nur fünf Befunde - die ältesten - weisen auf Körperbestattung hin. Offensichtlich türmten sich über den Gräbern Hügel auf, wie in der Bronzezeit üblich. Die Angehörigen gaben ihren Toten Beigaben mit, sachliche Zeugnisse der religiösen Vorstellungen der Menschen jener Zeit. Häufig lagen die Beigaben am Übergang der Vorhöfe zu den Kreisen. Meistens handelt es sich um Schalen, Becher und Krüge, offensichtlich Reste eines Trankopfers, wie es Homer für die Feierlichkeiten des Patroklos beschreibt.

Glücklicherweise gelang es den Grabungsteams im Norden und Süden des Friedhofs, die Siedlung der Bronzezeitmenschen zu finden, die ihre Toten über dem Steinzeitdorf bestatteten. Pfostenbauten und Erdkeller mit großen Mengen verkohlten Getreides und geschälten, verkohlten Eicheln erinnerten an den bäuerlichen Alltag. Nacktweizen und Gerste gewannen zum Ende der Steinzeit und mit Beginn der Bronzezeit an Bedeutung, Dinkel und Hirse kamen als neue Getreidearten hinzu. Die Nutzung des Metalls eröffnete den bronzezeitlichen Bauern neue Möglichkeiten der Geräteherstellung. Die gelblichbraune Legierung aus Kupfer und Zinn gab diesem Zeitalter seinen Namen. Allerdings blieben auch die Steingeräte noch in Gebrauch. Unterschiedliche Kulturen sind anhand ihrer Keramik zu identifizieren. Der Dortmunder Friedhof und die Siedlung gehören zur Urnenfeldkultur und reichen zurück bis in die frühe Phase der vorrömischen Eisenzeit, in der ein neuer Rohstoff seinen Siegeszug antrat. Dieser Zeitraum reicht von ungefähr 750 v. Chr. bis zur Ankunft der Römer etwa um 15.v. Chr.

Die Funde von Oespel/Marten werfen neues Licht auf das Alter des Hellweges, der möglicherweise schon in der Bronzezeit als Handelsweg von Bedeutung war. Streufunde bronzezeitlicher Werkzeuge entlang des Hellweges, die gedarrten, also durch Hitze haltbar gemachten Getreidefunde, deuten auf Handel mit Geräten und Lebensmitteln hin.

Wohl eines der ältesten „industriellen" Zentren des Ruhrgebiets datiert aus der frühen römischen Kaiserzeit und lag ebenfalls an diesem Fernverbindungsweg, der als „B1" bis heute eine Rolle spielt. Auch die eisenzeitlichen Siedler ließen sich vom Charme des Areals zwischen Oespel und Marten überzeugen und legten ihre Wohn- und Arbeitsstätten südlich der jungstein- und bronzezeitlichen Siedlungen nahe des Ortskernes von Oespel an. Keramik und Münzen aus dieser Grabung deuten darauf hin, dass die eisenzeitlichen Siedler Germanen waren, die aufgrund der Gewandfibeln dem Kulturkreis der elbgermanischen Stämme zuzuordnen sind, während die Keramik eher auf die Kultur der im Rhein-Weser-Gebiet lebenden germanischen Stammesverbände hindeutet.

Interessant waren die Inhalte von 150 Siedlungsgruben: Keramikgefäße in großer Zahl mit dazugehörigem Brenn-

Der Siedlungsplatz in Oespel/Marten war dauerhaft bewohnt. Ein germanischer Schmied hatte diesen Beschlag eines germanischen Prunkschildes ins Altmetall gegeben, um ihn einzuschmelzen und daraus neues Gerät zu fertigen.

ofen, der Schmelzplatz eines Schmiedes mit zahllosen Fragmenten von Buntmetallstiften. Aus einem Grubenhaus konnten 88 Nieten, mehrere Riemenzungen, Pferdegeschirrsätze und weitere Teile von Eisengegenständen, wie Schildbuckel und Eimerhenkel, geborgen worden. Offensichtlich lagerten die Germanen an dieser Stelle Metallschrott und verarbeiteten ihn zu neuen Gebrauchsgegenständen. In der Siedlung von Oespel wurden Töpfe, aber auch Kriegsgerät, geflickt und Altgerät zu neuem Gebrauch eingeschmolzen. Das Sammelsurium von Pferdegeschirrtei-

Neben den im Boden vergangenen Skeletten fanden sich Beigaben im fränkischen Gräberfeld in Dortmund-Holzwickede.

len stellte der Zierbeschlag eines germanischen Prunkschildes in den Schatten, der offensichtlich der Wiederverwertung entging. Dieser Beschlag ist aus Bronze und Silber gefertigt und an bestimmten Stellen feuervergoldet. Nur aus dem Opfermoor von Illerup in Dänemark ist ein zweiter Schildbeschlag solcher Qualität und Ausformung bekannt. Zum ersten Mal in Deutschland bargen Archäologen aus einer in Deutschland gelegenen germanischen Siedlung Teile eines Kettenhemdes.

Im Abfall offenbarte sich der Speisezettel der germanischen Schmiede von Oespel. 3421 Knochenreste wurden ausgewertet. Rinder rangierten auf der Skala des germanischen Geschmacks ganz oben; es folgten Schweine, Schafe, Ziegen, Pferd, Esel, Hund und Katze. Offensichtlich gingen die Schmiede nicht sehr oft zur Jagd. Wenn sie es taten, blieb schon mal ein Bär oder Rothirsch auf der Strecke. Inzwischen sind weitere Altsiedelstellen an diesem Platz entdeckt worden, so dass es weitere Nachrichten aus der Frühzeit des Ruhrgebietes geben wird.

Henriette Brink-Kloke und ihr Team stießen östlich der Dortmunder Kernstadt, wieder am Hellweg und dieses Mal bei Dortmund-Wickede, auf Zeugnisse des frühen Christentums. In unmittelbarer Nachbarschaft eines Friedhofes aus unserer Zeit bestatteten als „fränkisch" bezeichnete germanische Brukterer zwischen dem 6. und 10. Jahrhundert ihre Toten. 97 Bestattungen spiegeln die langsame Loslösung von „heidnischen" Riten und den Übergang zum Christentum wieder. An zahlreichen merowingischen und karolingischen Gräbern hielten die Angehörigen Totenfeiern am offenen Grab ab. Viele der Töpfe, die neben den Leichnamen lagen, waren durch offenes Feuer zersprungen. An ihnen waren Asche- oder Rußspuren zu erkennen. Anderen Toten hatte man Gegenstände des Alltags für die „Reise ins Jenseits" mit auf den Weg gegeben, etwa einen frühen Vertreter des Feuerzeuges, das aus Eisenblech als Feuerstahl und einem Kernstein aus Silex als Schlagstein bestand. Auf zwei Gürtelbeschlägen, sogenannten „Hafteln", ist deutlich das eingeritzte Kreuz zu erkennen.

8. *Blühende Stadt der Römer*

Die Colonia Ulpia Trajana an der Grenze zum Barbaricum

Am Kai hat ein Kahn festgemacht. Schauerleute drängen sich durch die Menge, die neugierig die Ankunft des Schiffes verfolgen. Neben den Einheimischen hält sich zur Zeit viel fremdes Volk in der Stadt auf, denn für morgen sind Tierhatzen in der Arena angekündigt. Das Gebrüll der hungrigen Bestien übertönt zeitweise das Stimmengewirr. Den Schauerleuten ist es gelungen, sich Platz zu verschaffen und die Weinfässer aus Gallien auf ein Gespann zu verladen. Sie treiben die Zugtiere an und die Gaffer springen zur Seite, um nicht überfahren zu werden. Zum kleinen Hafentor geht die Fahrt, denn zwei der Fässer sind für die Herberge bestimmt, die bis auf das letzte Lager belegt ist. Im Vorfeld und während der Spiele herrscht hier hektische Betriebsamkeit.

Diebe und Huren haben an diesen Tagen Saison und hoffen im Hafenviertel und rund um die Arena auf gute „Geschäfte“. Unter den Portiken stehen Händler und bieten den Gästen ihre Waren feil. Das Umfeld der Herberge ist kein besonders guter Platz für Geschäfte, denn der beißende Rauch aus den gegenüberliegenden Werkstätten der Schmiede legt sich auf die Atemwege. Hustend und fluchend zieht die Menge vorbei, einige kaufen Fladenbrot, andere Opferfiguren, die sie zum Hafentempel tragen wollen.

Diese Szenen spielen nicht im Emporium, dem römischen Hafenviertel am Tiber, sondern könnten sich so oder ähnlich in der Colonia Ulpia Trajana (CUT), der zweitgrößten Stadt der römischen Provinz „Germania inferior“ abgespielt haben. Die CUT liegt heute nur wenig nördlich des mittelalterlichen Xanten und darf als Glücksfall für die archäologische Forschung und für alle an Geschichte interessierten Menschen bezeichnet werden. Im Verlauf von 2.000 Jahren wurde die römische Stadt nicht überbaut, und im Jahr 1977 wurde sie zum Archäologischen Park und zur Schutzzone erklärt. Noch sind gut 80 Prozent des antiken städtischen

Computermodell der Colonia Ulpia Trajana, der römischen Stadt am Rhein bei Xanten. Deutlich zu erkennen das Amphitheater im Vordergrund und in der Bildmitte Forum und Capitol.

Areals unter dem Rasen verborgen, doch die Wissenschaftler sind ständig dabei, dem Boden durch Grabungen neue Geheimnisse zu entlocken.

Die Grabungsleiterin des Parks, Sabine Leih, steht auf dem Rest eines römischen Fahrwegs und schaut auf die mit Brandschutt verfüllte Vorratsgrube hinter dem Hafentempel. Diese Grabung steht kurz vor dem Abschluss und soll Klärung über die Zeit vor der Gründung der CUT bringen. Fünf zeitlich voneinander unterscheidbare Phasen sind in den Schnitten abzulesen, und die Besucher des Parks können den Archäologen bei ihrer Arbeit über die Schulter schauen. In den Grabungsschnitten sind mehrere Straßenhorizonte zu erkennen, in den Lagen dazwischen Scherben von römischem Gebrauchsgeschirr und Knochen von Tieren, zumeist Rinderknochen, also Speiseabfälle. Hier, im Schatten des Hafentempels, sind die Fundamente der Säulen des überdachten Umganges des Heiligtumes im Boden erhalten, aber darunter und daneben ebenso Reste von Häusern, die aus Holz und Lehm gebaut waren.

Der in Zentimetern gemessene Ausschnitt im Boden umfaßt exakt den Zeitraum von der Regierungszeit des Kaisers Augustus (31 v. - 19 n. Chr.) bis ins 2. Jahrhundert n. Chr., in dem der Raum um Xanten ins Blickfeld der Römer geriet. Was geschah damals?

Nach der Eroberung Galliens durch Cäsar in den Jahren 59 bis 51 v. Chr., verfolgte sein Nachfolger Octavian, der spätere Kaiser Augustus (31 v. - 19 n. Chr.), das Ziel, die Gebiete links des Rheins zur römischen Provinz zu machen. Seine Stiefsöhne, erst Drusus und später Tiberius, befehligten die Legionen, die diese Aufgabe in den Wäldern Germaniens lösen sollten. Aus strategischen Gründen wurden längs des Rheins und mit Vorliebe dort, wo Flüsse in den Rhein mündeten, befestigte Militärlager angelegt. Zwei Kilometer südlich des heutigen Xanten, auf dem Fürstenberg, bauten die Römer das Ausgangslager der Feldzüge, die an der Lippe entlang nach Osten ins Innere Germaniens führten.

Tacitus nannte den Namen des Lagers: Es hieß Vetera. Der Fürstenberg muss ein heißes Pflaster für die römischen Legionäre gewesen sein, denn die germanischen Krieger versuchten immer wieder, über den Rhein nach Gallien vorzudringen oder römische Vorstöße nach Germanien zu verhindern.

Archäologische Untersuchungen stießen auf Spuren von Brand und Zerstörung. Das Zweilegionenlager musste auf den Trümmern des alten oder an anderer Stelle im Umfeld errichtet werden. Die Forschung unterscheidet heute zwischen den Lagern Vetera I und Vetera II. Südöstlich und nördlich des Fürstenberges befanden sich militärische und zivile Einrichtungen der Römer. Vor den Toren von Vetera I auf dem Fürstenberg blieben im Gelände Überreste der Lagervorstadt erhalten. Zu erkennen ist das Rund eines kleinen Amphitheaters, das zur Aufbesserung der Stimmung in der Truppe beigetragen haben dürfte. Archäologische Untersuchungen in den dreißiger und siebziger Jahren unseres Jahrhunderts sorgten für den derzeitigen Kenntnisstand um die Militäreinrichtungen Vetera I und II.

Im Jahr 9 n. Chr. war Vetera Sammelpunkt für die drei Legionen, die mit Quinctilius Varus in die legendäre Schlacht gegen den Cherusker Arminius zog. Die Anwesenheit der

Abguß eines Originals, das sich im Besitz des Louvre in Paris befindet. Der Abguß steht vor dem Amphitheater im Archäologischen Park Xanten. Dargestellt ist der Stadtgründer, der römische Kaiser Caesar Divi Nerva Filius Nerva Trajanus, besser bekannt als Trajan. Er gab der Stadt am Rhein seinen Namen.

18. Legion ist für Vetera belegt, da der Grabstein des Centurio dieser Legion, M. Caelius, bei Xanten gefunden wurde. Der Stein galt lange Zeit als einziger Sachbeweis für den Zusammenhang der sogenannten „Schlacht im Teutoburger Wald" mit dem Xantener- und dem Lippe-Raum. Seit den Ausgrabungen in Kalkriese glauben die Archäologen, dem Ort der legendären Schlacht näher gekommen zu sein (siehe Kapitel „Die 19. Legion aus Haltern und die 18. Legion aus Xanten zogen mit Varus in die Schlacht").

Den Nachschub für die Truppen im Barbarenland schafften die Römer per Schiff heran. In Xanten verlief ein Rheinarm so günstig an den zivilen Siedlungen vorbei, dass er schon im 1. Jahrhundert als Hafen genutzt werden konnte. Für die Militärlager an der Lippe sind ebenfalls Marinebasen nachgewiesen. Im Verlauf dieses 1. Jahrhunderts entwickelte sich die zivile Siedlung am Rheinhafen auch zu einem Knotenpunkt des Atlantik- und Britannienhandels heran. Zwischen 98 und 100 n. Chr. verlieh der römische Kaiser Trajan dieser wohl halb zivilen, halb militärischen Siedlung die Stadtrechte und gab ihr seinen Namen: Colonia Ulpia Trajana (CUT).

Trajan, spanischer General in römischen Diensten, war von Kaiser Nerva adoptiert worden. Er weilte als Oberbefehlshaber der römischen Rheinarmee in seinem Hauptquartier Köln, als er 96 n. Chr. die Nachricht von der Erhebung zum Princeps erfuhr. Seiner Wahl war eine Meuterei gegen Nerva vorausgegangen. Der neue Imperator Caesar Divi Nerva Filius Nerva Trajanus eilte nicht nach Rom, sondern blieb in seinem germanischen Hauptquartier, bestellte die Meuterer – unter ihnen der Chef der Prätorianergarde –, die seinen Vater zu Fall gebracht hatten, hierher und ließ sie hinrichten. Erst im Jahr 99 hielt Trajan Einzug in Rom und ließ sich von den Senatoren und vom Volk huldigen. In diese Zeit fällt die Erhebung der Siedlung in Xanten zur römischen Stadt, die in der Folge planmäßig ausgebaut wurde. Die Truppen, ihre Ingenieure und Architekten übernahmen diese zivile Aufgabe. Veteranen aus den Legionslagern Vetera und Nimwegen zählten zu den ersten Bürgern der CUT, die zwar ein Leben in Freuden, aber nicht in Frieden führen konnten. Trajan erweiterte das Römische Reich, das unter seiner Herrschaft die größte Ausdehnung er-

Das gesamte Areal der römischen Stadt ist archäologische Schutzzone und bietet den Wissenschaftlern optimale Arbeitsbedingungen.

reichte. An den dazu notwendigen Feldzügen nahmen auch Legionäre aus dem Rheinland teil.

Auf dem Trajansforum in Rom ließ der Senat eine 30 Meter hohe Säule aus 20 riesigen Blöcken Carrara-Marmors errichten. Die Bildhauer stellten auf dem spiralförmigen Relief, das die Säule umgibt, Szenen aus den Dakischen Kriegen dar. Kaiser Trajan hatte mit seinen Legionen das Volk der Daker besiegt, das auf dem Gebiet des heutigen Rumänien lebte. Zwischen den Jahren 101 und 105 wurden die Daker bezwungen, Trajan wurde in Rom mit blutigen Spielen im flavischen Amphitheater gefeiert. Die Trajanssäule in Rom liefert eine der aufschlussreichsten Bilddokumentationen zum römischen Militärwesen. Es ist zwar hypothetisch, könnte aber sein, dass einer der Soldaten, die auf der Säule abgebildet sind, ein Legionär vom Niederrhein war und zwar aus der Gegend des heutigen Ruhrgebiets. Dieser Soldat diente in der 10. Legion, die nördlich des heutigen Xanten, in Nimwegen, stationiert war. Er starb an der Donau als Veteran und gibt auf seinem Grabstein, den Archäologen entdeckten, als seine Vaterstadt „Colonia Ulpia Traiana“, also Xanten, an. So kann man mit ein wenig Phantasie auf dem Trajansforum in Rom provinzialrömischer Ruhrgebietsgeschichte begegnen.

Auf einer Fläche von 73 Hektar legten die Erbauer der CUT das römische Muster der „Abbilder Roms in der Fremde“ zugrunde. Etwa 150 Orte in der damals bekannten und von Rom dominierten Welt durften sich *colonia* nennen. Auf dem Gebiet des heutigen Deutschland waren es drei, nämlich Trier, Köln und Xanten. Nur das römische Xanten, die CUT, blieb nach der Eroberung durch die Franken im 3. Jahrhundert rund 2.000 Jahre lang im wesentlichen unbebaut. In den siebziger Jahren konnte das gesamte Areal unter Schutz gestellt und der archäologischen Forschung und somit der Öffentlichkeit als einzigartiges Denkmal erhalten bleiben. Die Stadt des Kaisers Trajan wurde zum „Archäologischen Park“, in dem Besucher den Forschern über die Schultern schauen können und, wie nirgendwo sonst in unserer Region, die römische Geschichte unserer Region anschaulich und lebendig erleben.

Auf der Basis von Ausgrabungsfunden teilrekonstruierter Tempel, der sogenannte Hafentempel, in der Colonia Ulpia Trajana.

Dr. Anita Rieche, Archäologin und Referentin für Öffentlichkeitsarbeit im Xantener Archäologischen Park, bringt dessen Vorzüge auf den Punkt: „Im Gegensatz zu einem normalen Museum befindet sich der Park im permanenten Aufbau. Er war die erste Anlage seiner Art und führte dazu, Schwellen abzubauen und die Geschichte zu demokratisieren." Wissenschaft trat aus dem Elfenbeinturm heraus und präsentierte sich vor aller Augen mit immer neuen Entdeckungen, Ausstellungen, Aktionen und Veröffentlichungen.

9. *Römische Großstadt am Rhein mit Forum und Capitol*

Mit kriminalistischen Methoden und dem entsprechenden Spürsinn kommen die Archäologen in Xanten den Menschen, die in der antiken Stadt lebten, sehr nahe. Ein Kollege der Ausgrabungsleiterin Sabine Leih fand im glänzenden roten Überzug römischer Keramik den Fingerabdruck des Töpfers. Aus Großbritannien war ein ähnliches Stück mit Fingerabdruck bekannt und das Erstaunliche: Die Fingerabdrücke vom Niederrhein und Großbritannien waren identisch. Zeugnis des regen Handels im Imperium Romanum.

Noch ein anderes Beispiel dokumentiert auf eindrucksvolle Weise, wie in Xanten Augenblicke der langen römischen Stadtgeschichte eingefangen werden. In diesem Fall ist es ein Ausschnitt von wenigen Tagen aus dem Alltagsleben des 2. Jahrhunderts. Auf einem 4 x 7 Meter großen Grabungsschnitt entdeckten die Ausgräber Fußspuren von Menschen und Tieren. Karren waren hin- und hergefahren, die offensichtlich einem schlechten Wegstück oder einer Baustelle ausweichen mussten. Das Stück Boden kommt einer Fotografie gleich, einer Momentaufnahme von über die Straße hastenden, Fuhrwerken ausweichenden Menschen, die barfuß oder mit benagelten Schuhen unterwegs waren.

So sind nicht nur die großen Bauwerke, die Handwerkerhäuser, Tavernen und vornehmen Villen in ihren Grundzügen bekannt, sondern durch jahrzehntelange intensive Forschungsarbeit auch Details des alltäglichen Lebens einer römischen Stadt in der Provinz. Bei einem Rundgang begegnet der Besucher dem Maler, der kunstvoll die Wände der Häuser gestaltete. Da er auch namentlich bekannt ist, nimmt diese Persönlichkeit aus der ersten Hälfte des 1. Jahrhunderts tatsächlich Gestalt an. Davon später mehr.

Die Gründung einer Stadt kam im Römischen Reich einem religiösen Akt gleich, der die Ausdehnung des bebauten Areals festlegte. Alle Planstädte im Weltreich unterlagen demselben Schema: Rechtwinklig sich kreuzende Straßensysteme zerlegten das Stadtgebiet in Quadrate, die *insulae*. Im Zentrum der Stadt, an der Kreuzung der Hauptstraßen, des Cardo und Decumanus Maximus, befanden sich das weltliche und religiöse Zentrum: das Forum, der Markplatz mit Markt- und Gerichtshalle (Basilika) sowie das Kapitol mit dem Tempel für die drei wichtigsten römischen Staatsgötter Jupiter, Juno und Minerva. Rom war das Vorbild, obwohl in der Hauptstadt das stringente System der Planstadt nie realisiert wurde. Orte, die den Titel *colonia* tragen durften, waren „Abbilder

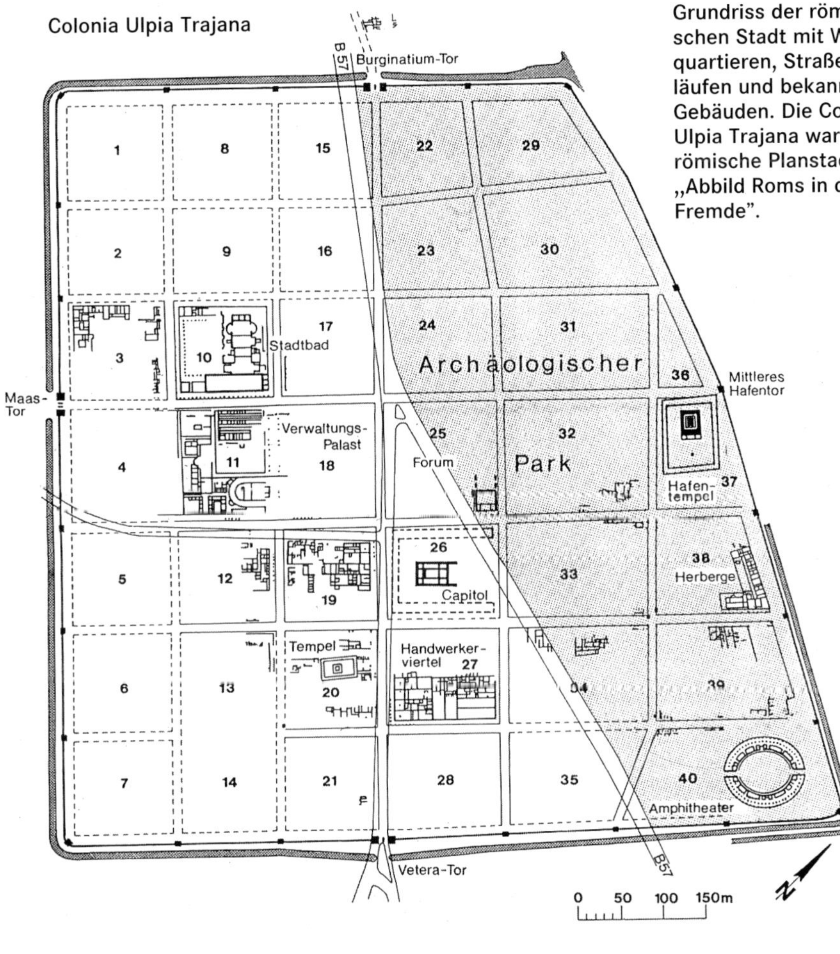

Grundriss der römischen Stadt mit Wohnquartieren, Straßenverläufen und bekannten Gebäuden. Die Colonia Ulpia Trajana war eine römische Planstadt, ein „Abbild Roms in der Fremde".

Roms in der Fremde". Die Siedlung am Rhein erhielt auf Geheiss des Kaisers Trajan diesen Titel und den kaiserlichen Namen: Colonia Ulpia Trajana, neben Köln die zweite Stadt in der Provinz Niedergermanien (Germania inferior), deren Bewohner römisches Bürgerrecht genossen.

Die gesamte römische Struktur der Stadt liegt wenig nördlich von Xanten unter dem Rasen verborgen. Sie wurde auf eine Vorgängersiedlung an dieser Stelle projiziert, vorhandene Strukturen zum Teil in die Neuplanung mit einbezogen. Wissenschaftler gehen davon aus, dass die Gründung der CUT 99 n. Chr. in Rom beschlossen wurde und schon bald rege Bautätigkeit einsetzte. Eine Reihe von Inschriften aus dem Brohltal in der Eifel, die aus der Zeit um 100 n. Chr. datierten, berichten von reger Tätigkeit der vier germanischen Legionen in den dortigen Steinbrüchen. Wenn sie nicht gerade in die Schlacht ziehen mussten, wurden Legionäre zu Bausoldaten, die am Aufbau der neuen Stadt am Rhein erheblichen Anteil hatten.

Durch Prospektion aus der Luft und Magnetometermessungen im Boden ermittelten die Archäologen die Straßenkreuzungen der Planstadt. Grabungen in den Kreuzungsbereichen bestätigten das Bild, das sich im Boden abzeichnete. Sämtliche Straßen kreuzen sich im rechten Winkel und bilden annähernd quadratische Siedlungsareale, *insulae*, aus. Im gezeichneten Grundriss der Colonia erhielten die Insulae von den grabenden Wissenschaftlern eine Numerierung, die die Orientierung und genaue Bezeichnung der Fundlagen erleichtert.

Mit der Verleihung der Stadtrechte erlaubten die Römer den Bau der Stadtmauer, die das neue städtische Areal umschloss. Die hafenseitige Mauer lässt sich datieren, weil die Türme wegen des unsicheren, feuchten Bodens in Rheinnähe auf ein Pfahlrost von Eichen gegründet waren. Dendrochronologische Untersuchungen des Holzes erbrachten ein Fälldatum von 105/106 n. Chr. Auf einer Länge von 3,4 Kilometern umschloß die Mauer städtisches Gebiet. 22 Türme jeweils am Endpunkt der Straßen erhöhten die Sicherheit. Zwei der Türme besaßen Durchgänge zum Hafen und am Ende der Hauptstraßen lagen landseitig drei große Tore, die in etwa der in Trier erhaltenen Porta Nigra glichen. Im Rahmen der Aufgabenstellung des Archäologischen Parks

Wiedererrichtete Herberge am Hafen: Die Innenräume wurden nach antiken Vorbildern ausgemalt und eingerichtet.

wurde das große, nördlich liegende Tor rekonstruiert, ebenso die Stadtmauer mit einigen Türmen auf der östlichen, also der Hafenseite.

Mit der Einrichtung des antiken Stadtgebietes als archäologische Zone ging die Verpflichtung einher, der Öffentlichkeit über die Forschungsarbeiten Bericht zu erstatten. Inzwischen sind sieben opulente Bände der „Xantener Berichte“ erschienen, den gesamten bisherigen Kenntnisstand über die Colonia Ulpia Trajana enthalten. Er reicht von der Beschreibung der großen öffentlichen Bauten, wie Tempel und Basiliken, der Wohn- und Handwerkerviertel bis zu solchen Details, die zum Beispiel das Innere einer Schlachterei, eine Malerwerkstatt, Töpfereizentren und die Hafenanlagen schildern. Einige Bauten sind auf der Grundlage der archäologischen Forschungsbefunde rekonstruiert worden, so dass sich „die Kenntnis der römischen Hinterlassenschaften nicht weiter von den Möglichkeiten zu Mittelmeerreisen“ abhängig ist, wie die Parkleitung betont.

Nehmen wir an, ein Händler aus Gallien besuchte in irgendeinem Sommer des 3. Jahrhunderts n. Chr. die Colonia Ulpia Trajana. Er reiste mit dem Schiff den Rhein herauf, das am Flusshafen festmachte. Durch eines der kleinen Tore auf der Hafenseite der CUT betrat er die Stadt. Er fragte nach dem Weg zur Herberge, der ihm von einem Einheimischen gewiesen wurde. Möglicherweise war es gleich die Herberge am Hafentor, die nach den Grundrissen im Boden und Beispielen aus den römischen Provinzen rekonstruiert wurde ist und dem Besucher des Archäologischen Parks heute so begegnet, wie sie der Besucher des 3. Jahrhunderts möglicherweise gesehen hat. Entlang eines Korridors lagen die kleinen Gästeräume, die heute nach Vorbildern aus Verulamium ausgemalt sind. Zwar fanden sich während der Ausgrabung bemalte Teile des Wandputzes, die aber für eine Rekonstruktion nicht ausreichten. Die Zimmer der Herberge waren gewöhnlich für drei Gäste eingerichtet und spärlich möbliert. Dafür verfügte dieses Gasthaus am Hafen über einen Speisesaal und eine eigene Therme, die mit Kaltbad, Warmbad, Heißbad und Toilette über alle Annehmlichkeiten verfügte, die städtisches Leben zu bieten hatte. Die Herbergstherme funktioniert, sie ist wiederhergerichtet und wird einmal im Monat in Betrieb genommen. Heute benutzten die Teilnehmer der Internationalen Archäologischen Sommerakademie die Schlafräume; sie gehen jährlich ihren gestandenen Kollegen zur Hand und sammeln dabei Erfahrungen. Alle Räume sind heute mit Elementen aus anderen Fundstätten ausgestattet, zum Beispiel hölzernen Türen nach dem Vorbild der Vesuvstädte, Möbeln unter Verwen-

Inzwischen kann die große Thermenanlage im Archäologischen Park besichtigt werden. Die Grundriss vermittelt eine Vorstellung davon, wie dieses prächtige öffentliche Bad ausgesehen hat. Die aufstehenden Metallkonstruktionen empfinden die Proportionen des Gebäudes nach.

dung des Tischbeins, das im römischen Militärlager Oberaden an der Lippe (siehe Kapitel „Römische Invasoren an Lippe und Emscher“) gefunden wurde.

Das große Gebäude war dreiflügelig und zweistöckig gebaut. Mit weißverputzten Stampflehmwänden, denen eine rote Sockelzone aufgemalt war, wird es auf unseren Xanten-Besucher einladend gewirkt haben. Nachdem unser Besucher sich vor seinem Rundgang im Gasthaus gestärkt hatte, hatte er die Wahl zwischen einigen Fleischgerichten, doch größer war die Auswahl an vegetarischer Kost, wie Erbsen, Bohnen, Zwiebeln, Gurken, Eier und Käse sowie Kuchen und anderem Backwerk.

Zu den Garküchen gehörte im antiken Rom häufig ein Bordell in den oberen Stockwerken, das von den Kellnerinnen gleich mit betreut wurde. Wurden angesehene römische Bürger im „Milieu“ beobachtet, verloren sie an Sozialprestige. Aus diesem Grund zog Kaiser Nero (54 - 68 n. Chr.) mit seinen Freunden stets bis zur Unkenntlichkeit verkleidet ins römische Nachtleben.

Unserem unbekannten Besucher ersparen wir den Bordellbesuch - wenn denn eines in der Herberge der CUT vorhanden war- und schicken ihn lieber in den Tempel. In der Colonia Ulpia Trajana gab es eine ganze Reihe von Heiligtümern. Einige sind uns heute durch Ausgrabungen bekannt, einer lässt in Teilen seine ursprüngliche Pracht erstrahlen: der große „Hafentempel“, der vorerst so genannt werden muss, weil die Ausgrabungen keinen Hinweis auf die Gottheit, die in ihm verehrt wurde, erbrachten.

Weil die Herberge auf der Insula 38 lag, musste unser Besucher nicht weit zur nördlich gelegene Nachbar-Insula 39 laufen. Außerdem war der Tempel mit seinen 27 Metern Höhe schon vor der Stadtmauer vom Schiff aus zu sehen. Durch die Mauer des heiligen Bezirks gab es einen Durchschlupf für Besucher. Vor dem Treppenaufgang zum Podium des Tempels stand ein steinerner Opfertisch. Säulen aus Kalkstein mit korinthischen Kapitellen umgaben den Kultraum, die *cella*, deren Innenwände mit farbigen Malereien und in der Sockelzone mit Marmorplatten gestaltet waren. Vor der nördlichen Innenwand stand das Kultbild, das nur von den Priestern angeschaut werden durfte, die als einzige Zutritt hatten.

Die Insula 39 birgt ihre Geheimnisse. Archäologen fanden bei der Ausgrabung des Tempelfundaments, das unter dem rekonstruierten Bau erhalten geblieben ist und besichtigt werden kann, 1700 kleine und dünne Putzfragmente mit Farbauftrag. Während die Mehrzahl der Stücke weiß war, gab es in der Reihenfolge der Häufigkeit rote,

Der am Computer rekonstruierte Bereich des Forums der Colonia Ulpia Trajana in der antiken Stadt am Rhein.

ockerfarbene, grüne und blaue Putzteilchen. Dazu kamen Teile aus Marmor, verstucktem Mörtel, Reste von kleinen Altären und Statuen aus Kalkstein und einige Kapitellfragmente, die offensichtlich „zweitverwendet" wurden. Die Teile korinthischer Kapitelle stammen nach Forschermeinung aus dem 1. Jahrhundert, während der Hafentempel im 2. Jahrhundert errichtet wurde. Aktuelle Grabungen lassen Spuren eines kultischen Vorgängerbaues erkennen. Daraus würde sich die Herkunft der Kapitelle erklären, die aber ebensogut aus dem Militärlager Vetera I stammen und dort nach der Zerstörung durch die Bataver 69 n. Chr. angefallen sein könnten.

Unter dem Tempelbezirk (siehe Kapitel „Blühende Stadt der Römer: Colonia Ulpia Trajana am Niederrhein"), verborgen im Boden, fanden die Archäologen in einer aktuellen Grabung Relikte von Häusern in Holz-Erde-Bauweise aus Augusteischer Zeit, also dem 1. Jahrhundert n. Chr. Eines der Häuser gehörte einem Maler, der seine Ausrüstung dort zurückließ. Darunter befand sich ein Farbmörser und 14 annähernd zylindrische Näpfchen und Schüsseln, denen noch Farbreste anhafteten. Ein Berliner Labor untersuchte diese Farbreste und kam den Grundstoffen, die der Maler für seine Farben verwendete, auf die Spur. Überwiegend waren es mineralische Rohstoffe, wie Kalkstein für Weiß, Eisenoxide für Rot- und Gelbtöne, Bronzeabfälle für Ägyptisch Blau, Bleimennige für Orange. Alle diese Stoffe konnten im Umfeld Xantens besorgt werden. Lediglich für Grün benötigte er Seladonit, ein in der Nähe von Rom und auf Zypern vorkommendes Mineral, das den Grundstoff für das Veroneser oder Apianische Grün hergab. Besondere Kunst erforderte die Herstellung von Ägyptisch Blau, dessen Rezeptur von Vitruv (geb. um 84 v. Chr.) überliefert ist. Klumpen von Ägyptisch Blau sind auch von anderen Fundorten in der CUT und in Vetera bekannt. Es dürfte sich um eingeführte Ware handeln, denn Vitruv nennt Puteoli als Fabrik für Ägyptisch Blau.

Offensichtlich genossen Maler hohes Ansehen in der römischen Stadt am Rhein. Im nördlich der Stadt gelegenen Gräberfeld bestatteten die Angehörigen einen Maler zusammen mit seinen Farbtöpfen. Einen der Maler kennen wir sogar dem Namen nach. In der zweiten Hälfte des 1. Jahrhunderts wurde Tiberius Julius Tertius bestattet, dessen Grabstein erhalten ist.

Von den Künstlern der Augusteischen Zeit wusste unser CUT-Besucher nichts, doch was er sah, beeindruckte ihn sehr und übertraf all die Erzählungen, die er von der Colonia Ulpia Trajana gehört hatte. Den Gang aufs Capitol sparte er sich noch auf, zuvor wollte er den Aufanischen Matronen opfern, den gallischen Muttergottheiten, die sich besonders in Niedergermanien großer Beliebtheit erfreuten.

Er lief zurück zur Herberge, bog in westliche Richtung ab, erhaschte schon einen Blick aufs Capitol und fand auf der Insula 20, inmitten von sehr schönen Wohnhäusern den kleinen Tempel. Er war nicht auf ein Podium gestellt; die Anhänger des Matronenkultes bevorzugten eher die private Sphäre des quadratischen Heiligtums, dessen Inneres farbig ausgestaltet und mit Weihesteinen dekoriert war. 1973/74 und 1991 untersuchten Archäologen die Insula 20, um dem schlecht erhaltenen Kultbau im Boden seine Geheimnisse zu entlocken. Säulenfragmente und Teile von Weihesteinen mit

Die Therme der Herberge ist wieder hergerichtet worden und wird bei Bedarf unter Dampf gesetzt, so daß der Besucher eine Vorstellung vom Betrieb eines römischen Badehauses bekommt.

rekonstruierbaren Inschriften, Teile der farbigen Wanddekorationen und Reste bemalter Wände eines Vorgängerbaus konnten gesichert werden. Im direkten Umfeld kam eine große Anzahl von Gruben und Gräbern aus älterer Zeit zum Vorschein. Da der Tempel nach der Mitte des 2. Jahrhunderts gebaut wurde, stammen Gräber und Gruben wohl aus dem 1. Jahrhundert. Einige Gruben allerdings dürften Feuerstellen der Bauarbeiter gewesen sein, die sich während der Arbeit am Matronenheiligtum hier ihre Mahlzeit zubereiteten.

Manchmal finden Archäologen einen Schatz. Dieser steht mit dem Niedergang des Abbildes Roms am Rhein in Zusammenhang steht. Vor den 259 n. Chr. einfallenden Franken vergrub ein Bewohner des Tempelviertels an der Nordostecke der Mauer ein Bronzegefäß mit Münzen, wertvollen Schmuck und gediegenes Geschirr sowie Besteck aus Silber. Die gut erhaltenen 215 Denare und 173 Antoniniane ergeben zusammen eine eindrucksvolle Galerie der römischen Herrscherhäuser. Die Münzen zeigen Marc Aurel, Commodus, Septimius Severus, Caracalla, Geta, Macrinus, Elagabal, Alexander Severus, Maximus I., Balbinus, Gordian III., Philippus I. und II., Traianus Decius, Trebonianus Gallus, Vulsianus, Valerians I. Gallienus und Postums. Sehenswert sind die mit Ornamenten verzierten Silberbestecke und -schälchen, ein Paar goldene Ohrringe sowie Fingerringe mit einem Bildnis des Kaisers Hadrian.

Von alldem wusste unser Besucher nichts, er genoß andächtig die Weihebildnisse und die Stille des Tempels.

In Rom, der Mutter aller Städte des Imperiums, war unser anonymer Besucher in der CUT noch nicht gewesen. Darum war er gespannt auf das Capitol der Stadt am Rhein, das nur in einer Stadt höchsten Ranges errichtet wurde und zugleich Abbild des Monte Capitolino, des heiligen Hügels in Ro,m war.

Rombesucher von heute steigen über die von Michelangelo entworfene Treppe aufs Capitol, um oben von den Dioskuren Castor und Pollux in Empfang genommen zu werden. In der Mitte des Platzes steht, wie „eine Figur aus Don Quichotte“ (Goethe) das Reiterstandbild des Kaisers Marc Aurel, Vorbild aller europäischen Reiterdenkmäler bis in unsere Tage.

Auf dem Platz, von Michelangelo leicht trapezförmig um einen Stern angelegt, dessen Bahnen in hellem Stein auf seinem Boden nachgezeichnet sind, endeten im antiken Rom die Triumphzüge. Michelangelo wollte vor dem Senatorenpalast die Kolossalstatue des Jupiter aufstellen. Statt ihrer fand hier die kleine, sitzende Minerva mit Lanze und Erdku-

gel ihren Platz, die vormals zum Tempel eines kleinen Städtchens im Volskergebirge gehörte. Zu ihren Füßen plätschert der kapitolinische Brunnen, Skulpturen des Nil und Tiber stehen im Wasser. Der Nil stützt sich auf eine kleine Sphinx, der Tiber auf die Wölfin, vor deren Rachen die Knaben Romulus und Remus spielen. Über dem Portal des Palastes steht die alte Buchstabenformel, die auf den Feldzeichen der römischen Legionen durch die Welt zog: S.P.Q.R, „Senatus Populusque Romanus“, Senat und Volk von Rom.

In der Herberge im Hafenviertel der Colonia Ulpia Trajana kann der Besucher des Parks römische Gerichte kosten, Raumausstattungen besichtigen und an den „Römischen Sonntagen" einen Schuster in Tunika bei der Arbeit beobachten.

Das Capitol war das sakrale Zentrum der Hauptstadt, der Mittelpunkt der damaligen Welt. Gestattete der Princeps den Provinzsiedlungen, ein Capitol anzulegen, musste es auf dem erhöhten Mittelpunkt der Stadt stehen. Tatsächlich steigt das Gelände in der Colonia Ulpia Trajana auf der Capitols-Insula leicht an.

Die Dreiheit Jupiter, Juno und Minerva verehrten die Römer auf dem Capitol in Rom, dem sakralen Zentrum der Stadt. Folglich taten sie dasselbe in einem Abbild Roms in der Fremde, in den Provinzen. Im römischen Xanten füllte das

Capitol den gesamten Raum der Insula 26 aus. Zentral auf einem großen Hof stand der Tempel. Ausmaße von 30 x 40 Metern erzählen durch die Freilegung der Fundamente heute noch von der Bedeutung des Tempels, dessen heiliger Bezirk auf einem Podium stand und durch eine prächtige Freitreppe erreicht werden konnte. Die Anlage öffnet sich in östliche Richtung, damit die aufgehende Sonne die Abbilder der capitolinischen Trias ausstrahlen konnte. Säulen mit korinthischen Kapitellen umrahmten das Haus der Götter. Unser durchreisender Händler kam aus dem Staunen nicht heraus und stellte sich vor, wie herrlich es in Rom sein müsse, wenn hier in der Provinz die Prachtentfaltung schon so außerordentlich war.

Was er wiederum nicht wissen konnte, uns aber durch die Tätigkeit der Archäologen bekannt ist, ist eine ganz und gar weltliche Entdeckung an der Südwestecke der Capitols-Insula. Auf dem Gelände war im 1. Jahrhundert, vor Gründung der CUT, bestattet worden. Eine der Bestattungssitten der Römer war die Verbrennung des Leichnams auf einem Scheiterhaufen *(bustum)*. In einer Grube lagen noch die untere Schicht der Buchenscheite des heruntergebrannten Bustums und der Leichenbrand, der im Labor Rückschlüsse auf den Toten zuließ. Dem 20- bis 40-jährigen Mann waren vermutlich Getränke und Speisen auf seiner Reise in den Hades in Gefäßen beigegeben worden. Verkohlte Reste von Südfrüchten deuten darauf hin, dass die römische Bevölkerung am Rhein auf die Vorzüge der mediterranen Welt im Leben wie im Tode nicht verzichten wollte. Die verkohlten Reste entpuppten sich als Datteln, Feigen, Mandeln, Hasel- und Walnüsse. Datteln und Feigen kamen in getrocknetem Zustand auf den Markt in den Provinzen. Sie hatten dann eine weite Reise aus dem Süden hinter sich.

Es kann durchaus sein, dass derartige Köstlichkeiten auf der dem Capitol nördlich angrenzenden Insula gehandelt wurden. Dort lag das weltliche Zentrum der Stadt, das Forum. Auf dem Forum stellte sich die Stadt dar, in Bauten und Bildnissen. Hier pulsierte das Leben, priesen die Händler ihre Waren an, klimperten die Geldwechsler mit ihren Münzen, wurden wichtige und unwichtige Reden geschwungen. Auf dem Forum saßen wichtige Persönlichkeiten zu Gericht, ließ sich die Schickeria Denkmäler und Bildnisse aufstellen.

Zu diesem Zweck war gleich nach Gründung der Stadt auf dem Forum der Colonia Ulpia Trajana eine Basilika von 70 Metern Länge, 23 Metern Breite und 27 Metern Höhe gebaut worden. Der Gesamtraum war durch Säulenreihen unterteilt, damit er den unterschiedlichen Funktionen dienen konnte. Grabungen erbrachten die Grundrisse einiger Speicherbauten.

Der Steinbedarf für die großen repräsentativen Bauten war riesig, so dass die in Köln stationierte römische Flotte zum Transport abkommandiert wurde. Diese Tätigkeit schlug sich in einer erhaltenen Inschrift nieder: ‚Für das Heil des Imperators Antoninus Augustus Pius, Vater des Vaterlandes, hat die Arbeitsabteilung der Rheinflotte, der Frommen und Treuen, welche zum Steinbrechen für das Forum der Colonia Ulpia Trajana abgeordnet ist, auf Geheiß des kaiserlichen Statthalters Claudius Iulianus und unter Aufsicht des Kapitäns Gaius Sunicius Faustus, Sohn des . . . , zur Zeit des Konsulats von Bradua und Varus ihr Gelübde gern und nach Gebühr eingelöst."

Mit tränenden Augen, staubigen Füßen und schmerzenden Kniegelenken beschloss der gallische Händler, die berühmten Thermen der Stadt aufzusuchen, deren Ruf bis weit in die Provinzen reichte. Man erzählte sich, der Kaiser Hadrian habe auf seiner Reise nach Britannien der Stadt diese Thermenanlage gestiftet. Auf dem Weg über den Cardo maximus zu den großen Thermen des Hadrian fiel ihm ein Text von Seneca ein – denn unser Gallier war ein gebildeter Mann –, der gegenüber einem Freund über den Lärm in den Thermen geklagt hatte:

„Und nun ertönt von allen Seiten Lärm jeder Art. Denk dir jetzt noch jemand, der Streit sucht, einen Dieb, der auf frischer Tat ertappt wird, und einen, der sich im Bad gern selbst reden hört: dazu noch die, die mit lautem Aufklatschen in das Becken springen. Außerdem Stimmen, die wenigstens immer den gleichen Tonfall beibehalten, gibt es dann die hohe Fistelstimme, die der Kerl unentwegt beim Depilieren seiner Kunden braucht, weil er so leichter zu hören ist, und er hält nur den Mund, wenn er die Achselhaare ausreißt und damit den Aufschrei des Kunden bewirkt. Stell dir die verschiedenen Rufe der Getränke-, Wurst- und Gebäckverkäufer vor, und mit welchem besonderen Tonfall die Ladenbesitzer ihre Waren anpreisen."

Das Bad in den Thermen gehörte zum Tagesablauf wie die Mahlzeiten. Antike Dichter haben den Genuss besungen und dabei zugleich die Ausstattung der öffentlichen Badehäuser gepriesen. Martial ließ sich fast schicksalsschwer aus, wenn er ausrief: *„Wenn du nicht in den Thermen des Etruscus gebadet hast, dann wird du ungebadet sterben, Oppianus."* Statius besang eines der luxuriösen Badehäuser Roms: *„… und nicht wird ein Fremder, wenn er eben von den Küsten Bajäs angekommen ist, eine solche Ausstattung verächtlich finden … noch wird einer, der eben im Wasser der Nerothermen gebadet hat, es ablehnen, hier noch einmal zu schwitzen."*

Sie besingen den „trockenen Dampf" und das „unverfälschte Wasser", den „feinen Dampf der Hypokausten". Wer einmal über die verbliebenen Mosaiken der *palaestra* der Caracalla-Thermen in Rom gelaufen ist und ein wenig furchtsam zu den Mauergebirgen mit den Bögen und Kuppeln des Kalt- und Warmbades hinaufgeschaut hat, der will fast nicht glauben, dass sich außerhalb Roms, zumal in den entlegenen Provinzen des Nordens, Orte des von Dichtern besungenen Badespaßes finden. Auf der Insula 10 im Westteil der Colonia Ulpia Trajana erhebt sich ein auf den ersten Blick merkwürdiges Gebäude aus Glas und Stahl. Darunter verbirgt sich der ausgegrabene Grundriss der großen Thermen mit noch erhaltenem aufstehenden Mauerwerk. Die Archäologen des Parks bei Xanten haben eine tolle Idee verwirklicht. Sie vollzogen die Proportionen des antiken Thermenbaus nach: Stahlkonstruktionen veranschaulichen die Ausmaße der Kuppeln, Apsiden und Bögen, Glas die Außenwände.

Im offenen Boden, für die Besucher heute erschlossen durch Laufgänge, lässt sich die immer gleich Grundgestaltung römischer Thermen nacherleben. In der Eingangshalle befanden sich die Umkleideräume, aber auch Stände von Händlern, die Badebedarf und Erfrischungen anboten. Hintereinander von Süd nach Nord lagen das Kaltbad *(frigidarium)*, das Lauwarmbad *(tepidarium)* und zum Schluss, wenn der Körper sich gewöhnt hatte, das Heißbad *(caldarium)*. Jeder der Badesäle wurde von einem Tonnengewölbe überdeckt, die Wände waren farbig gestaltet, mit Malereien oder einfachen Dekorationselementen. Links und rechts des Frigidariums warteten die Saunen (Sudatorien) auf Besucher. Kanäle leiteten das Wasser zur Therme, für die Warm- und Heiß-

Erst jüngst bei einer Grabung entdeckter Terra-sigillata-Rest, dessen Dekor einen Hund zeigt, der einen Hasen jagt.

bäder durch neun Öfen (Praefurnien). Von den Öfen führte das heiße Wasser in Hohlböden unter den Thermen *(hypocaustum).* Abwasserkanäle nahmen es wieder auf und führten es durch eine Toilettenanlage am westlichen Rand der Therme. Am nördlichen Rand der Palaestra befanden sich Räume für Massagen und ärztliche Behandlungen. Bei den Ausgrabungsarbeiten fanden Archäologen an dieser Stelle ein Chirurgenbesteck. Nur spärliche Reste verblieben von der Ausstattung der Thermen in der CUT. Allerdings lassen sich auf dem Estrich des Frigidarium-Fußbodens Abdrücke von Marmorplatten erkennen, die mit Resten von schwarzen und weißen Marmorplatten ein geometrisches Muster ergeben.

Das Modell einer Rekonstruktion veranschaulicht die Eleganz des Baues, der wohl von Militärarchitekten entworfen und von Legionären gebaut worden ist.

Erfrischt lassen wir unseren gallischen Händler zur Herberge zurückkehren. Er nimmt einen kleinen Umweg durch die vornehmen Viertel im Westen der Stadt, und die Abendsonne lässt ihn einen Blick in wohlgestaltete und bemalte Räume erheischen. Durch die archäologische Forschung in der CUT weiß man, dass sich die Maler der Stadt auf die kunstvolle Gestaltung der Wände verstanden. An verschiedenen Stellen der antiken Stadt sind Reste von Wandmalereien gefunden worden, die von Mitarbeitern des Archäologischen Instituts der Universität Köln untersucht werden. Die Experten sitzen vor Kisten mit größeren, kleinen und kleinsten Fragmenten bemalter Wände und versuchen, dieses römische Puzzle zu lösen. Und tatsächlich gelang es, Teile der repräsentativen Malerei aus einem vornehmen Haus auf der Insula 19, nahe der Thermen, sichtbar zu machen. Ein goldfarbener Adler sitzt auf einem Globus, Seewesen und Seepferdchen und springende Delphine bevölkern das Szenario, Mars und Merkur tauchen in diesem mythischen Reigen auf; springende Antilopen und Tiger, Bacchus mit dem Leopardenfell begleiteten die Bewohner des Hauses in ihrem Alltag.

Erschöpft und zufrieden von den Eindrücken, die ihm das Rom am Rhein geliefert hatte, schlief der gallische Händler in der Hafenherberge ein. Draußen am Hafen flackerten Feuer, die Arbeit ruhte nicht, und Rufe hallten durch die Nacht. Eine Ladung Steine von der Mosel musste entladen werden. Den Schlaf unseres Händlers störte es nicht. Er wollte frisch sein für den nächsten Tag und die Spiele in der Arena besuchen.

Jenes Rund an der Südwestecke der Stadt, das Amphitheater, verschwand trotz des Steinraubes nie ganz im Boden. Nach den Ergebnissen der wissenschaftlichen Ausgrabungen wurde es zu Teilen rekonstruiert und bietet heute im Gegensatz zur antiken Zeit die Kulisse für friedliche Spiele. Der gallische Gast sah, nachdem er aufgewacht und seine Geschäfte erledigt hatte, die Stadt völlig anders. Leider gibt es aus der Colonia Ulpia Trajana außer den Inschriften auf Grab- und Tempelsteinen, den von den Legionen gestempelten Ziegeln und den Signaturen auf Tongefäßen, keine schriftlichen Überlieferungen. Was die Zuschauer im Amphitheater erwartete, schildern die antiken Schriftsteller am Beispiel des größten Theaters dieser Art, dem flavischen Amphitheater in Rom, später Colosseum genannt. Es war Schauplatz grauenhafter Kämpfe zwischen Gladiatoren und wilden Tieren. 60.000 Zuschauer fassten die Ränge im hohen Rund der Arena, die noch heute einen gewaltigen Eindruck auf die Besucher der ewigen Stadt macht. Brot und Spiele gaben die Kaiser ihrem Volk, und das Volk liebte die blutigen Spiele. Juvenal berichtet: *„Er fuchtelt – schaut nur – mit seinem Dreizack, nachdem er mit dem Schwung seiner Rechten das Netz, das von ihr herabhängt, vergeblich ge-*

schleudert hat, reckt sein durch nichts verdecktes Gesicht zu den Zuschauern hinauf und flüchtet, jedem erkennbar, durch die ganze Arena." Martial überliefert eine andere Episode: *„Als bei den grausamen Kämpfen der vom Caesar veranstalteten Jagd ein leichter Speer eine trächtige Sau durchbohrte, sprang ein Ferkel aus der Wunde des armen Muttertieres hervor. O wilde Lucina, soll das eine Geburt gewesen sein? Wer bestreitet, daß Bacchus beim Tode seiner Mutter gezeugt wurde?"*

Das Amphitheater bei Xanten fasste zwischen 8.000 und 10.000 Zuschauer. Gegen Ende des 1. Jahrhunderts ersetzte man die hölzerne Arena durch einen Steinbau. Äußere Ringe

von Pfeilern trugen die Gewölbe, die wiederum den Unterbau für die Sitzreihen bildeten. Zwölf Eingänge sorgten für den geordneten Einzug des Publikums, zwei führten in die Arena, und durch sie betraten die wilden Tiere und die Gladiatoren das Rund. Neben den beiden Eingängen für die Darsteller befanden sich Kammern, in denen sich die Gladiatoren für den Auftritt vorbereiteten. Die wilden Tiere in Käfigen wurden von Theaterbediensteten bewacht, und diese schleppten nach den Aufführungen die Leiber der geschlachteten Kreaturen, ob Mensch oder Tier, hierher zurück.

Computerrekonstruktion der römischen Hafenanlage mit Holzkais, Ladekran und dem Hafentempel im Hintergrund.

Unser Gallier hatte sich aufgeregt, gestöhnt und geschrien. Die Aufführung war spannungsgeladen gewesen.

Doch nun musste der Händler die Rückreise antreten. Er eilte zum Hafen, denn dort lag ein Schiff zum Auslaufen bereit, das ihn bis zur Colonia Claudia Ara Agrippinensium, dem heutigen Köln, mitnahm. Er bat die Götter um glückliche Ankunft, denn es konnte geschehen, dass Schiffe schon beim Ein- oder Auslaufen kenterten. Archäologen habe derartige Katastrophen in der Fahrrinne dokumentiert und bargen die Fracht eines auf Grund gelaufenen römischen Schiffes beim heutigen Dorf Wardt. In einer Kiesgrube blieb die Ladung erhalten: Waffen, Militärausrüstung und wertvolle Bronzekasserollen eines Hersteller aus Kampanien.

Der Händler ging den Steg entlang bis zum äußeren Ende. Matrosen machten das Schiff klar zum Auslaufen. Unser Mann ging an Bord und schaute zurück auf die Säulen und Dächer, die die Mauer dieses prächtigen Abbildes der Stadt Rom überragten.

Die Archäologen des Römerparks in Xanten eröffnen den heutigen Besuchern die Möglichkeit eines ähnlichen Eindrucks.

Römische Invasoren an Lippe und Emscher

10.

Der Baggerführer hielt den Gegenstand vor der Schaufel seines Arbeitsgerätes für eine Fliegerbombe. Ein nicht unbedingt seltener Baustellenfund im Ruhrgebiet, der immer Ärger verspricht. Die Regulierarbeiten am Hammbach im Dorstener Stadtteil Holsterhausen würden durch die „Bombe“ aus dem Zeitplan kommen: Feuerwerker müssten benachrichtigt, die Baustelle still gelegt und alle möglichen Sicherheitsvorkehrungen getroffen werden. Der brave Mann stoppte die Maschine, stieg herab und benachrichtigte die Polizei, die bei erster Inaugenscheinnahme den Sprengkörper als Keramikgegenstand identifizierte. Ein Fall für die Archäologie. Statt der Feuerwerker rückten Wissenschaftler an und identifizierten die Keramik als römische Amphore.

Hölzernes Kurzschwert, wie es bei Gladiatorenkämpfen üblich war. Vermutlich war es eine Übungswaffe. Sie stammt aus dem römischen Militärlager von Oberaden.

Weitere Untersuchungen der Baustelle sorgten für eine Nachricht, die wie eine Bombe einschlug. Der Bagger hatte im Umfeld des Hammbaches ein Lager römischer Truppen angekratzt. Das war 1952. Die archäologischen Untersuchungen bis in das Jahr 1953 lieferten keine datierbaren Funde, jedoch Anhaltspunkte für die bauliche Beschaffenheit. Das Lager war für römische Verhältnisse „einfach“ umwallt, und der Boden zeigte keine Spuren einer Bebauung im Lagerinneren. Auf der östlichen Seite des Lagers befand sich eine Toreinfahrt, die den Spitzgraben rund um die Anlage unterbrach. 1970 legten die Archäologen aus Münster ein „Planum“ an, ohne auf Bebauungsspuren zu treffen. Die Wissenschaftler folgerten aus den sparsamen Befunden, dass römische Legionen bei ihrem Marsch vom Rhein in Richtung Osten dieses Holsterhauser Lager nur zeitweise aufgesucht hatten. Sie verloren im Umfeld Goldmünzen, *aurei,* die das Bild des Augustus zeigten.

Dennoch steht Holsterhausen für eine wichtige Erkenntnis in der provinzialrömischen Archäologie. Der Ausgräber des Militärlagers, Johann-Sebastian Kühlborn, notierte: „Mit der Entdeckung des Marschlagers Dorsten-Holsterhausen glaubte man den Schlüssel für die Suche nach weiteren fest installierten Lagern in den Händen zu haben. Aus der Beobachtung, dass zwischen ‚Castra Vetera‘/Xanten und Dorsten-Holsterhausen eine Distanz von ca. 35 Kilometern und Dorsten-Holsterhausen nach Haltern eine Strecke von 18 Kilometern zu messen ist, wurde im Abstand von 18 Kilometern eine Kette hypothetischer Lippelager erschlossen.“ 18 Kilometer Fußmarsch schaffte die Legion am Tag, das überliefern die antiken Schriftsteller. Darum verleitet die Entdeckung in Holsterhausen und die magische Distanz von 18 Kilometern zum nächstgelegenen östlichen Stützpunkt Haltern zu der Hypothese, dass zwischen Holsterhausen und Xanten im Westen weitere Stützpunkte liegen müssen. Sie sind bis heute jedoch nicht gefunden worden.

Für die archäologische Aufmerksamkeit, die dem Lippe- und Emscherraum gewidmet wird, gibt es schriftlich festgehaltene Hinweise. Der provinzialrömische Zweig dieser Wissenschaft hat das Glück, im Gegensatz zu den Kollegen, die sich mit der Urgeschichte unseres Raumes beschäftigen, auf schriftliche Überlieferung zurückgreifen zu können und die-

Tischbein mit Löwenkopf, offensichtlich aus der Wohnungsausstattung eines Offiziers, gefunden im Römerlager Oberaden.

se entweder zu bestätigen oder zu korrigieren. Die antiken Schriftsteller standen zum Teil selbst in Militärdiensten, wie Velleius Patercullus (20 v. Chr. – ?), und waren unter Tiberius in Germanien vor Ort dabei.

Aus den uns bekannten römischen Militäranlagen in Xanten, Oberaden, Beckinghausen und Haltern haben wir ziemlich genaue Kenntnis, was die Römer im Ruhrgebiet getrieben haben. Das Spannende an der Archäologie ist ja, dass wir durch diese Wissenschaft Informationen über eine so lange zurückliegende Zeit bekommen. Diese Informationen erzählen uns, wie die Okkupanten aus dem Mittelmeerraum bei uns im unwirtlichen Germanien gelebt haben.

Mit den Eroberungszügen Cäsars zwischen 58 und 51 v. Chr. rückte das Weltgeschehen nahe an die Region heran, die uns interessiert. Durch den gallischen Krieg war der Rhein zur Reichsgrenze des Imperium Romanum geworden und seit den Zeiten des römischen Eroberers Ziel germanischer Kampfverbände. Cäsars Adoptivsohn und Nachfolger Octavian, der später vom Senat in Rom mit dem Titel „Augustus“, der „Erhabene“, ausgezeichnete, begann die Rheingrenze gegen die Germanen zu sichern. Besonders die Sugambrer, Usipeter und Tenkterer rückten den römischen Grenztruppen zu Leibe, drangen weit über den Rhein in westliches Gebiet und fügten der 5. Legion eine empfindliche Niederlage bei. Die Römer reagierten, verbesserten ihre Infrastruktur im gallischen Hinterland und bauten ihre Hauptstützpunkte am Rhein aus, darunter das Doppellegionslager Vetera/Xanten und die Kastelle Novaesium/Neuss und Asciburgium/Duisburg-Asberg. Diese Maßnahme diente nicht nur der Grenzsicherung, sondern einem Einfall römischer Truppen ins freie Germanien. Die Vorbereitungen für den Militärschlag leitete der Mann, der in Rom das Pantheon erbauen ließ und Freund und Schwiegersohn des Augustus war, Marcus Vipsanius Agrippa. Mit der Militäraktion, die im Spätsommer des Jahres 12 v. Chr. begann, beauftragte Augustus seinen Stiefsohn Drusus, der Oberkommandierender der römischen Rheinarmee war.

Archäologen bringen durch ihre Grabungen Licht in die Geschehnisse genau dieser Zeit, als die Römer versuchten, die römische Reichsgrenze bis an die Elbe zu verschieben. Von den heutigen Städten Mainz und Xanten aus marschierten die Legionen in die Urwälder Germaniens. Eine der wichtigen Marschlinien führte von Xanten aus die Lippe entlang. Drusus ließ seine Legionäre befestigte Militärbasen einrichten, aber auch weniger ausgebaute Marschlager und kleinere Kastelle. Auf der Lippe selbst transportierte der Feldherr aus dem römischen Kaiserhaus Truppen und Verpflegung. Am Fluss reihen sich die uns heute bekannten Lager auf. Durch sorgfältige Untersuchungen lassen die Archäologen

Der Akteur: Ab 12 v. Chr. führte der Stiefsohn des Augustus, Drusus, römische Truppen über den Rhein, dann die Lippe entlang weit nach Osten in das „freie" Germanien.

den Boden sprechen, lesen aus ihm die Bautätigkeiten der Legionen ab und entnehmen ihm Gegenstände, die das Leben der Römer und der Germanen in dieser bewegten Zeit lebendig werden lassen.

Die einzig sicher in die Zeit des Drusus datierte Militäranlage im Ruhrgebiet ist die von Bergkamen-Oberaden und das mit ihr zusammenhängende Uferkastell Beckinghausen. Da weder in Dorsten-Holsterhausen noch in den neben dem

Hauptlager von Haltern ergrabenen vier weiteren Anlagen Funde gemacht wurden, die eine sichere Datierung zulassen, sind nur Hypothesen möglich. So nehmen die Archäologen an, dass die Halterner Anlagen am Annaberg, am Wiegel und an der Hofestatt aus der Zeit um Chrsiti Geburt stammen.

Im ersten Drusus-Feldzug des Spätsommers 12 v. Chr. nahmen die römischen Legionen die Usipeter nördlich der Lippe und die Sugambrer südlich der Lippe in die Zange. Der römische Feldherr ließ das Land verwüsten und zog sich zum Winter in die sicheren Festungen am Rhein zurück. Schon im Frühling des Jahres 11 v. Chr. brach Drusus mit seinen Legionen wieder auf, gelangte bis zur Weser, konnte sich aus einem germanischen Hinterhalt befreien und Cassius Dio (162 n. Chr. – ? n. Chr.) berichtet: „…so daß Drusus … dort, wo die Lippe und der Elison sich vereinigen, ein Kastell gegen sie (die Germanen) errichtete …“Die Eichen zum Bau dieses Lager wurden im Spätsommer des Jahres 11 v. Chr. gefällt und saftfrisch in Oberaden verbaut. Archäologen fanden auf dem entsprechenden Gelände im Verlauf der Holz-Erde-Mauer des römischen Lagers gut erhaltene Reste der Eichenbalken in den Pfostengruben der Mauer. Mit der dendrochronologischen Untersuchungsmethode kann das Alter solcher Hölzer exakt bestimmt werden. Drusus ließ diese Bäume auf dem Rückmarsch seiner Truppen in die Winterquartiere an den Rhein fällen und in Oberaden verbauen. Unter den bekannten Lippelagern ist Oberaden das älteste und mit einer Grundfläche von 56 Hektar das größte bekannte römische Militärlager an der Lippe.

Im Stadtteil Oberaden des Städtchens Bergkamen, Kreis Unna, sind sichtbare Reste der Lagerumwehrung zwischen der Potsdamer Straße und der Lünener Straße und südlich der Straße „Am Römerberg“ zu sehen. In der Erinnerung der Menschen erhielt sich die Besonderheit dieses Platzes durch die Flurbezeichnung „Op de Borg“. Dem aus Paderborn stammenden Gymnasiallehrer F. Hülsenbeck fiel die Ähnlichkeit des bei Cassius Dio erwähnten Namens „Elison“ mit der Hofbezeichnung „Elsey“ in diesem Gebiet auf und er vermutete eine römische Militärniederlassung an dieser Stelle. Erst der Pfarrer fasste die Angelegenheit mit Entschiedenheit an. Otto Prein war Pfarrer in Metheler (Stadt Kamen)

Der Nachfolger: Tiberius, Bruder des Drusus und Stiefsohn des Augustus, setzte die Einfälle nach Germanien als Oberbefehlshaber der römischen Rheinarmee fort. Seit 14 n. Chr. herrschte er als Kaiser in Rom.

und kümmerte sich in seiner Freizeit nicht um Seelen, sondern um Flurnamen und Sagen, die ihm die heimischen Bauern erzählten. Ihm fielen 1896 römische Keramikscherben in die Finger. Außerdem hatte er Hülsenbecks Notizen gelesen und das Gebiet „Op de Borg" durchstreift. Dabei stieß er auf die zum Teil heute noch sichtbaren Reste der Holz-Erde-Mauer. Der Pfarrer schlug Alarm bei der Altertumskommission für Westfalen, die eine Grabung zusagte, aber nicht durchführte. Otto Prein scharte Getreue um sich, den Stadtarchivar und Fotografen Ernst Brass und den Dortmunder Museumsdirektor und ehemaligen Zeichenlehrer

Albert Baum. Baum pachtete das Gelände, auf dem das Militärlager vermutet wurde, und begann am 15. August 1906 die Ausgrabungstätigkeit.

Von diesem Zeitpunkt an wurde in Oberaden regelmäßig gegraben und gesichtet, seit 1978 unter der Leitung des Archäologen Johann Sebastan Kühlborn vom Westfälischen Museum für Archäologie in Münster. Die Forschungsarbeiten dauern an. Kühlborn berichtete 1998 über eine sieben Monate dauernde Grabungskampagne, die unter anderem zu der Erkenntnis führte, dass Drusus im Militärlager Oberaden zwei Legionen stationierte, die in Kasernen untergebracht waren.

Die Grundrisse der Militärlager folgten einem bestimmten Schema, das wiederum den römischen Stadtgrundrissen folgte.

Meist bestanden die Lager aus Kasernen, dem Verwaltungsbau sowie einigen Speichern. Den zentralen Punkt bildete das Verwaltungsgebäude (*principia*); vor diesem lag das Vorderlager (*praetentura*) mit der Ausfallstraße (*via praetoria*), die zum Ausfalltor *(porta praetoria*) führte. Vor dem Verwaltungsgebäude wurde diese Straße rechtwinkelig von der Lagerhauptstraße *(via principalis*) geschnitten, die linkes und rechtes Lagertor miteinander verband (*porta sinistra* bzw. *dextra*); im vorderen Teil des Lagers standen gewöhllich neben den Kasernen einige Wirtschaftsgebäude, sowie die Unterkünfte der Stabsoffiziere. Hinter den *principia* durchquerte die *via decumana* den rückwärtigen Teil des Lagers (*retentura*) und führte zur *porta decumana*. In der *retentura* waren die restlichen Truppen, meist ein Lazarett, die Unterkunft des Kommandanten und wiederum einige Wirtschaftsgebäude untergebracht. Die Wallinnenstraße (*via sagularis)* umschloss das Lager.

Die römische Legion zählte rund 5500 Mann und gliederte sich in zehn Kohorten. Die erste Kohorte war 1.000 Mann, die zweite bis zehnte nur jeweils 500 Mann stark. Die Kohorten wiederum gliederten sich in je drei Manipel zu zwei Centurien. Eine Centurie bestand aus 80 Mann Kampftruppe. Die sechs Centurien der ersten Kohorte waren etwas stärker. Insgesamt bestand eine Legion also aus 60 Centurien. Zur Legion gehörten vier Kavalleriezüge mit 120 Mann Ge-

samtstärke, außerdem technisches Versorgungspersonal, Handwerker, Verwaltungsbeamte, Ärzte, Waffentechniker.

Diese Daube eines Fasses aus dem Lager Oberaden zeigt den Brandstempel des Herstellers.

Die Legion befehligte der Legat, der dem Statthalter (Oberbefehlshaber und Stellvertreter des Kaisers) unterstand. Dem Legaten unterstanden sechs Militärtribune, die Stabsoffiziere der Legion. Ranghochster Truppenführer war der Lagerkommandant, der für die gesamte Logistik zuständig war. Unterhalb der sechs Stabsoffiziere standen die 59 Centurionen der Legion. Damit sie während des Gefechtes zu erkennen waren, trugen sie, im Gegensatz zu den Mannschaften, einen quergestellten Helmbusch.

Das Marschgepäck eines römischen Legionärs bestand aus Waffen, Werkzeug, Kochgeschirr und Schanzpfählen. Die Traglast wog etwa 20 Kilogramm, die an einer Stange mitgeführt wurde. Die Centurien waren in Gruppen zu acht Mann aufgeteilt, die in der Kasernenstube oder im Zelt gemeinsam übernachteten. Die antiken Zelte hatten eine Grundfläche von 3 x 3 Metern. Es ging als sehr beengt auf den Feldzügen zu.

Gemessen an den römischen Militärstandards fiel Oberaden ein wenig aus der Rolle. Ein Spitzgraben und eine Holz-Erde-Mauer sicherten das Lager des Drusus nach außen vor etwaigen Feindangriffen. Die Außenmaße von 840 x 680 Metern bilden ein unregelmäßiges Rechteck, da die Planer die landschaftlichen Gegebenheiten optimal auszunutzen verstanden. Die Legionäre mussten, um dieses Holz-Erde-Festungswerk bauen zu können, 2.500 Eichen fällen und 200.000 Kubikmeter Erde bewegen. In den Mauerresten fanden sich zum Teil erhaltene Eichenpfosten, die zur dendrochronologischen Bestimmung herangezogen werden konnten und das genaue Erbauungsdatum offenbaren.

Da die Wandpfosten der festen Gebäude in Gräben eingelassen waren, können die Archäologen durch den Verlauf der Gräben die Grundrisse der Gebäude rekonstruieren. Holz, das im Boden vergeht, hinterlässt dunkle Spuren, ebenso zeichnen sich die Gräben als dunkle Verfärbungen im sauber geputzten Untergrund der Grabungsfläche, dem Planum, ab. Nach heutigem Stand verraten die Bodenverfärbungen den Standort des Hauses des Lagerkommandanten, des *praetorium*, im Zentrum der Anlage. Südlich davon, getrennt durch die 42 Meter breite Via principalis, die West- und Nordtor miteinander verband, legten die Archäologen den kompletten Grundriss des Stabsgebäudes frei, das durch seine enormen Ausmaße von 94 x 103 Metern auf ein Zwei-Legionen-Lager hinweist. Das Atriumhaus in der südlichen Nachbarschaft des Stabsgebäudes sei, so Ausgräber Johann-Sebastian Kühlborn, „ohne eine Kenntnis des städtischen Villen- und Wohnbaus in Italien" nicht denkbar. Ein prächtiger Bau, der wohl für einen hochrangigen Offizier errichtet wurde.

Die Mannschaften wohnten schlichter, einige in festen Baracken, die in Fachwerkbauweise mit lehmverputzten Wänden errichtet waren, andere in Zelten, wie die Zeltheringe im Fundgut belegen. Besonders der Versorgung mit Trinkwasser kam im Feindesland große Bedeutung zu. Bis 1989 fanden die Ausgräber 75 Brunnen, die bis zu neun Meter tief in den Grundwasserbereich führten.. Sie waren innen holzverschalt. Für diese Verschalung nutzten die Legionäre Transportfässer, die übereinandergesetzt wurden. Brunnen überliefern Alltag, auch für das Legionslager in

Der Vollstrecker: Germanicus versuchte mit militärischer Gewalt die rechtsrheinischen Gebiete auch nach der durch Varus verlorenen Schlacht in eine römische Provinz umzuwandeln.

Oberaden. In einem fand sich das mit einem Löwenkopf verzierte Tischbein, das zu einem dreibeinigen Tisch mit runder Platte gehörte, wie die Rekonstruktion ergab. Dieses elegante Möbel könnte das Stabsgebäude oder das Atriumhaus des hochrangigen Offiziers geschmückt haben.

Bevor die Fässer als Brunnenverschalungen zweckentfremdet wurden, dienten sie dem Transport von Wein, wie die eingebrannten Küfernamen verraten. Vermutlich stam-

Seite 111:
Im Lager Holsterhausen wurden nur wenige Sachfunde gemacht, die hier zu sehen sind: eine Amphore, Münzen und ein Gefäß.

men sie aus Südfrankreich und der Wein darin ebenfalls aus der gallischen Provinz des Imperiums.

Auf mediterrane Genüsse sollten und wollten die Truppen des Kaisers fern von Rom nicht verzichten. In den Brunnenverfüllungen lagen Fruchtsteine und Kerne von Oliven, Koriander, Feigen, Weintrauben und Pfeffer.

Allerdings war Oberaden kein Ferienlager, sondern eine Kaserne. Darum interessieren die Militaria, die militärischen Ausrüstungsgegenstände der wohl schlagkräftigsten Armee ihrer Zeit, die Forscher besonders. Zur Standartausrüstung der Fußsoldaten gehörten Dolch (*pugio*), Wurfspeer (*pilum*) und Kurzschwert (*gladius*). Ein Dolch aus Eisen mit einer Länge von 28 Zentimetern ist aus Oberaden bekannt, ebenso ein Helm (*cassis*) vom Typ „Weisenau" (so benannt nach dem Lager von Mainz-Weisenau). Dieser Helm verfügte über einen breiten Nackenschutz, eine bronzene Tülle zum Aufstecken des Helmbuschhalters und ein an der Frontseite verziertes Bronzestirnband.

Das hölzerne Kurzschwert, ein „Übungsschwert" (*sica*), erinnert an die bei Gladiatorenkämpfen gebräuchliche Waffe, die einen Hinweis auf die ethnische Zugehörigkeit des Besitzers zulässt. Zu den Legionen in Oberaden gehörten offenbar Hilfstruppen (*auxilia*), denn die *sica* ist die Waffe der Thraker. So ist zu vermuten, dass die römischen Legionen im Kampf gegen die Sugambrer durch dakisch-thrakische, auf dem Balkan rekrutierte Hilfstruppen, verstärkt waren.

Oberaden ist niemals von den germanischen Stämmen erobert worden, sondern wurde planmäßig , etwa um 8 v. Chr. , verlassen. Drusus war zu diesen Zeitpunkt bereits tot. Er marschierte mit seinen Legionen in den Jahren 10 und 9 v. Chr. bis an die Elbe. Beim Rückmarsch im Jahr 9 stürzte er vom Pferd und erlag den erlittenen Verletzungen. Sein Bruder Tiberius eilte daraufhin von Oberitalien nach Germanien, holte den Leichnam und brachte ihn nach Rom. Der Senat verlieh ihm die Ehrenbezeichnung „Germanicus".

Tiberius, der spätere Kaiser und Augustus-Nachfolger, übernahm den Oberbefehl am Rhein. Er stellte die Eroberungsfeldzüge ein und siedelte statt dessen die Sugambrer einfach auf die andere Rheinseite um. Nach Sueton sollen es insgesamt 40.000 Menschen gewesen sein, die sich der Zwangsumsiedlung beugen mussten.

1

2

3

Somit wurde Oberaden nicht mehr benötigt. Die Legionen zogen sich an den Rhein zurück und brannten das Lager nieder. Dem Feind wollten sie es nicht überlassen. Die Brunnen vergifteten sie mit Fäkalien und Tierkadavern, zum Glück für die Archäologen, die aus den Fäkalien wertvolle Erkenntnisse über die Lebensgewohnheiten der römischen Truppen an der Lippe zur Zeitenwende gewinnen konnten.

Von Haltern aus sollte Germanien zur römischen Provinz werden

11.

Wir erinnern uns: Drusus, der erfolgreiche Militärstratege Roms in Germanien, erlitt im „Feindesland" einen tödlichen Unfall. Tiberius übernahm seine Aufgabe, siedelte Sueben und Sugambrer auf die linke Rheinseite um, so dass Velleius Paterculus (Offizier und Geschichtsschreiber, 20 v. Chr. – ? n. Chr.) notieren konnte, Tiberius habe Germanien „fast" zu einer tributpflichtigen Provinz gemacht. Das geschah in den Jahren 9 bis 7 v. Chr. Für kurze Zeit verschwand der spätere Kaiser in die freiwillige Verbannung nach Rhodos, um von 4 bis 6 n. Chr. als Oberbefehlshaber an den Rhein zurückzukehren, um die Umwandlung Germaniens in eine römische Provinz zu vollenden. Was ihm „fast" gelang, denn dieser Erfolg stand nur auf dem Papyrus und den Wachstafeln der rö-

Römer bestatteten ihre Toten nie innerhalb einer Siedlung. In Haltern fanden die Archäologen südlich des Hauptlagers eine Gräberstraße mit zum Teil prunkvollen Grabaufbauten. Im Bild eine Rekonstruktion.

mischen Verwaltungsbeamten. Aus Syrien berief der römische Kaiser im Jahr 7 n. Chr. Publius Quinctilius Varus als Nachfolger des Tiberius an den Rhein mit der Aufgabe, die notwendigen Verwaltungsstrukturen in Germanien aufzubauen. Varus war eher Verwaltungsbeamter als Offizier und an das bequeme und einträgliche Leben in der Provinz Syrien gewöhnt. Wir dürfen die Germanen nicht aus den Augen verlieren, denn schon zur Zeit des Tiberius befehligte ein Cherusker namens Arminius germanische Auxiliareinheiten in römischen Diensten. Arminius hatte römische Erziehung genossen und war für seine Militäreinsätze in den Ritterstand erhoben worden. Dieser Arminius begegnete auch dem Varus. Die Geschehnisse, die sich aus dieser Begegnung entwickelten, beschäftigen die Archäologie im Ruhrgebiet. Wie erhellend die archäologische Forschung an Rhein und Ruhr für diesen Abschnitt der Geschichte war, belegen umfangreiche Ausgrabungen. Kehren wir noch einen Moment zurück in die Zeit der Germanenkriege unter Drusus, Tiberius und Varus auf der einen und Arminius auf der anderen Seite.

Flüche der Soldaten, Befehle ihrer Kommandeure und das Schnauben von Pferden durchbrachen die Stille des Urwaldes in den Sumpfniederungen der Lippe. Nur mühsam kam die bestens ausgerüstete Truppe römischer Legionäre voran. Kuriere meldeten dem Befehlshaber die Entdeckung eines Hügels in Flußnähe nicht weit von hier, der Ausblick nach allen Seiten biete und sich für ein Marschlager eigne. Der Befehlshaber ließ seinen Kommandeuren ausrichten, sie sollten ihre Soldaten zur Eile anhalten, damit man noch vor Einbruch der Nacht auf dem gemeldeten Hügel das Lager aufschlagen könne.

Wann genau dieser Befehl erteilt wurde, lässt sich nicht sagen, aber dass es so oder ähnlich gewesen sein muss, ging dem alten preußischen Haudegen, Friedrich Wilhelm Schmidt, durch den Kopf, als er die Lippe entlang wanderte und in Haltern den Annaberg vor Augen hatte. Als kriegserfahrener Veteran erkannte der Major die strategische Bedeutung des Hügels und fand seine Annahme durch Gräben und Wälle, die sich am Boden der bewaldeten Kuppe ausmachen ließen, bestätigt. Mit dieser Beobachtung leitete der Ex-Soldat die archäologischen Forschungen in Haltern ein,

Beschlag in Form einer Satyrmaske aus Haltern.

die bis auf den heutigen Tag andauern. Der Major war den Römern auf der Spur, zuerst im Rhein-Main-Gebiet und nun im Lipperaum. Von Xanten aus war er dem Fluss gefolgt und in Haltern gelandet. Die zu Beginn beschriebene Situation wird sich irgendwann um die Zeitenwende zugetragen haben, die marschierenden Truppen waren römische Legionäre, die Kommandeure Centurionen und der Befehlshaber möglicherweise Tiberius, der Adoptivsohn des vergöttlichten Augustus im fernen Rom.

In Haltern waren bereits vor 1838 römische Münzen und Keramikscherben gefunden worden und davon wusste der im Ruhestand lebende Major, der zudem die antiken Schriftsteller studierte und aus dieser Literatur die Erkenntnis gewonnen hatte, dass der Lipperaum zum Aufmarschgebiet römischer Legionen zur Zeit des Augustus gehört hatte. Er konnte nicht ahnen, was er mit seiner Beobachtung an bedeutsamer archäologischer Forschung auslöste. Dennoch setzten die Wissenschaftler erst 60 Jahre später auf dem Annaberg den Spaten an, um durch Grabungen genauere Informationen über die Ereignisse jener Zeit, die gut 2.000 Jahre zurücklagen, zu gewinnen. Carl Schuchardt aus Hannover grub vom 19. bis zum 24. Juni auf dem Annaberg und bestätigte die Mutmaßungen und Beobachtungen des alten preußischen Militärs. Noch im selben Jahr fand der aus Haltern stammende Sanitätsrat Dr. Alexander Conrads während Rodungsarbeiten auf der Flur „Auf dem Wiegel" nordöstlich des Annaberges und nördlich des heutigen Lippelaufes die Spur eines weiteren römischen Militärlagers. Vor allem die Verfärbungen im Boden und einige Keramikscherben weckten die Aufmerksamkeit des historisch interessierten Mannes. Und nur ein Jahr später, im Jahr 1900, fanden sich weitere Bodenverfärbungen auf der Flur „Hofestatt" nur wenig östlich von „Auf dem Wiegel" und im Abstand von einigen Jahren nördlich das befestigte Hauptlager und darunter die Hinweise auf mehrere unbefestigte Marschlager. Haltern war offensichtlich der Dreh- und Angelpunkt der römischen Einfälle in Germanien zur Zeit des Kaisers Augustus gewesen. Erst in den achtziger Jahren des letzten Jahrhunderts spürten die Archäologen in der Nähe des Annaberges ein großes römisches Gräberfeld und erst jüngst die Spuren eines weiteren Marschlagers auf der Flur „In der Borg" auf. Der Schlußpunkt unter die Forschungen in Haltern ist noch lange nicht gesetzt.

Die Kenntnisse um die frühkaiserzeitliche Geschichte der römischen Provinzialpolitik sind durch die Ausgrabungen in Haltern und die daraus gewonnen Einsichten erheblich erweitert worden. Für die archäologische Forschung stellt Haltern einen Markstein dar: Zum ersten Mal wurde modernen Ausgrabungstechniken zum Durchbruch verholfen, denn die Arbeiten zielten nicht nur darauf ab, dem Boden möglichst viele Funde zu entnehmen, sondern die Informationen sollten vorwiegend aus den Bodenverfärbungen gewonnen werden, die sich in den Sandböden Halterns besonders gut abzeichneten. *„Erst seit Haltern weiß man, dass nichts so dauerhaft ist wie ein Loch und dass Erdverfärbungen der gleiche urkundliche Wert zukommt wie den Handschriften*

Statue des Gottes Merkur aus dem Lager Haltern.

der Historiker", schrieb Rudolf Pörtner in seinem Buch „Mit dem Fahrstuhl in die Römerzeit". August Stieren, Wissenschaftler aus Münster, nannte Haltern die „Archäologenschule", denn die Forschung rund um das Lippestädtchen schuf das chronologische Gerüst für die frühe Kaiserzeit innerhalb der provinzialrömischen Archäologie. Es gibt einen Grabungshorizont, den die Archäologen den „Halternhorizont" nennen, nach dem diesseits und jenseits der Alpen alle Fundorte der Augusteischen Zeit eingeordnet werden können. Im Ruhrgebiet erlebte der Zweig der Archäologie, der

In Haltern waren zwei römische Legionen stationiert. Einer der Legionäre ließ seinen Helm zurück.

sich provinzialrömische Archäologie nennt, seine Geburtsstunde. Haltern ist der Ort mit der größten Konzentration von Militäranlagen aus der Zeit des Kaisers Augustus. Dieses Faktum gilt für das gesamte Imperium Romanum.

Trotz alledem lassen sich die in Haltern nachgewiesenen Bauten der Römerzeit nicht exakt datieren. Aus der Unzahl von Funden lässt sich nur eines sicher ableiten: Die Halterner Anlagen stammen aus den Germanenkriegen der Zeit des Augustus. Haltern war mehr als ein Militärstützpunkt. Die Ausgestaltung des Hauptlagers und anderer Anlagen diente offensichtlich dazu, diesen Punkt an der Lippe zum Zentrum einer neuen Provinz zu machen. Durch andere Funde wiederum erscheint das Ereignis der Varus-Schlacht, und damit das Ende der Idee, die rechtsrheinischen Gebiete völlig dem Imperium einzuverleiben, schon am Horizont.

Die Standorte rund um und unter dem Hauptlager dienten den Legionen als kurzfristige Aufenthaltspunkte während ihrer Einfälle in das rechtsrheinische Gebiet der Germanen. Etwas anders gelagert ist der Fall der römischen Gebäude an der Hofestatt und an der Flur „Wiegel“. Reste von vier sich überschneidenden Befestigungsanlagen, die zum Teil von der mäandrierenden Lippe im Laufe der Jahrhunderte fortgespült wurden, gaben auf dem alten Lippeufer Grundrisse

von länglichen Häusern frei, die zum Fluss hin offen waren. Der niederländische Archäologe Morel belegte durch seine Arbeit eindeutig, dass an der Hofestatt die Marinebasis des Lagers Haltern stand. In fast 30 Meter langen Häusern konnten die Schiffe überholt, vor Feinden geschützt und für den Einsatz bereit gehalten werden. In den Kasernengebäuden auf dem Gelände an der Hofestatt waren die Marinesoldaten untergebracht. Ebenfalls auf dem Lippeufer, ein wenig südlich von Hofestatt, konnten Reste der Lagervorstadt freigelegt werden. Hier betrieben die Wirte ihre Tavernen, lebten die Huren, aber auch die Handwerker und die „inoffiziellen" Familien der Legionäre. Am Wiegel konnten Schiffe anlegen, die vom Rhein aus Verpflegung, Waffen und andere Gebrauchsgegenstände transportierten, die auf dieser Insel der Zivilisation inmitten des Barbarenlandes überlebensnotwendig waren. Große Mengen verkohlter Weizenkörner und Reste von rund 850 Amphoren, in denen Wein, Öl und eine Saucenspezialität aus dem italischen Heimatland der Legionäre, transportiert wurden, weisen das Wiegelufer als Umschlagplatz aus. Überreste von Schiffen konnten bisher nicht geborgen werden. Dafür verraten Stempel auf den Amphoren Herkunftsort, Inhalt, Händler und Gewicht. Eine der Weinamphoren von Haltern wurde von der griechischen

Auf den Prunk der Mittelmeerländer wollten die Römer im fernen Germanien nicht verzichten. Sie umgaben sich zum Beispiel mit Kelchen aus polierter und mit Rolldekor versehener Terra sigillata.

Teilmodell des römischen Hauptlagers in Xanten mit aufmarschierter Legion.

Insel Knidos ins kalte Germanien an die Lippe geschafft. Die Sauce in den Saucenamphoren war eine Spezialität, über die wir durch Marcus Gavius Apicius bestens informiert sind, der 24 v. Chr. geboren wurde und als wahrer Schlemmer im alten Rom bekannt, ja verschrieen war. Plinius charakterisiert ihn als „von Geburt zu jeder Art Prasserei befähigt“ und

Während die einfachen Legionäre in barackenähnlichen Gebäuden untergebracht waren, wohnten die Offiziere in Häusern, wie sie in diesem Modellausschnitt des Hauptlagers von Haltern zu sehen sind.

nennt ihn den „größten aller Verschwender und Prasser“. Diese Sauce wäre mit heutiger Instant-Würze zu vergleichen, denn die Römer stellten sie industriell vor allem in Herculaneum her und mischten sie fast unter jedes Gericht. *Garum* oder *liquamen* nannten sie den Sud. Dazu stellten sie kleine ganze eingesalzene Fische wochenlang in die Sonne und ließen sie faulen. Nach etwa zwei Monaten wurden die in der Hitze zu einer Masse zerfallenen und gegorenen Fische durch ein Tuch passiert, um die Flüssigkeit dann zur Zubereitung der Speisen zu gebrauchen. Der Anteil der Amphoren für Saucen im Fundgut von Haltern machte etwa 50 Prozent aus.

Durch die römische Invasion gelangte ein Hauch der Mittelmeerkultur an die Lippe. Im sogenannten Hauptlager, das über eine rein militärische Anlage hinausging und im Zusammenhang mit den Bemühungen des Varus um Verwaltungs- und Handelsstrukturen gesehen worden muß, gab es Bauten, die in ihrer Architektur italischen Einfluss verraten. Zur Befestigung des Lagers und der festen Bauten benutzten die Römer Holz, das in den germanischen Urwäldern in Menge vorhanden war. Aus Haltern sind nur wenige Holzreste überliefert, deren Spuren als dunkle Verfärbungen im sandigen Untergrunderkennbar sind. Immer wenn der Mutterboden „verletzt" wird, sind diese Verletzungen später als Verfärbungen im Boden sichtbar. Neben den aufwendigen Bauten für die Kommandeure und Offiziere gab es natürlich Kasernen für die Soldaten. Desgleichen ein Lazarett, wie Knochensäge, Knochenheber, Skalpellgriff, Spatel, Nadeln und Sonden als Bodenfunde in diesem Bereich des Hauptlagers verraten. Aber es gab auch Werkstätten, Fabriken, Töpfereien, die für einen geplanten längeren Bestand dieses römischen Zentralortes sprechen. In Haltern wollten die Feldherren und Verwaltungsbeamten des Augustus Präsenz in Germanien zeigen. Der Boden gibt auch die häufigen baulichen Veränderungen in eine mehr zivile Richtung preis: einem möglichen Tempel und repräsentative Wohnbauten, die später in die Lagerstraßen hineingebaut wurden. Während in den reinen Militärlagern die Wasserversorgung durch Brunnen sichergestellt wurde, führten die Römer das Wasser hier durch Leitungen aus Blei von außerhalb des Lagers heran. Das Abwasser floss durch eigene Kanäle in den Straßen wieder heraus.

Gerade die vielfältige und hochwertige Keramik von Haltern führte zu einer eigenen Typologie von 98 Keramikformen, die eine zeitliche Einordnung für die Zeit vor und nach Haltern möglich machen. Gefäße gleicher Form von Fundorten, deren Alter nicht bekannt ist, wurden durch den Ver-

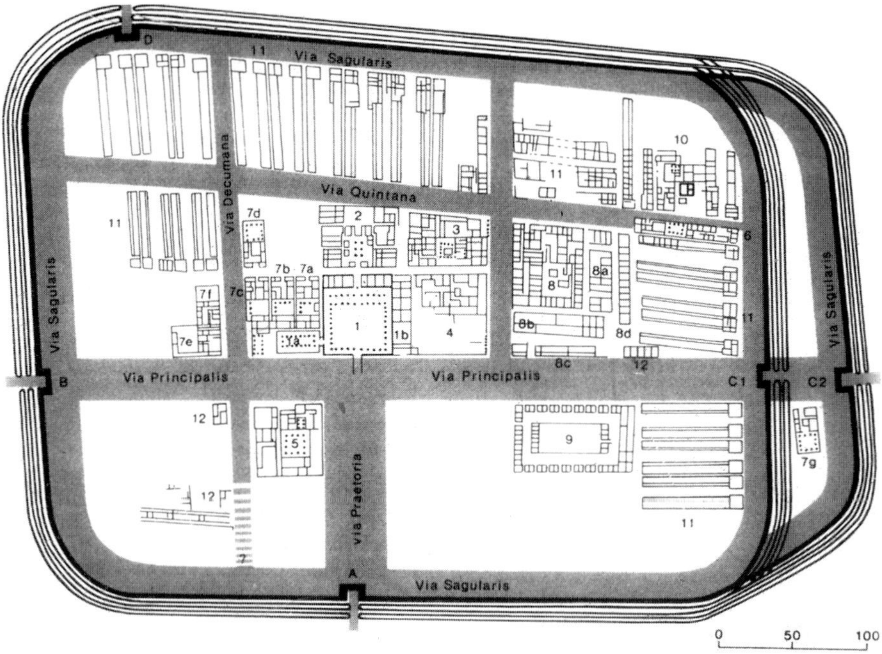

Grundriß des Hauptlagers in Haltern.

gleich mit der Terra sigillata von Haltern und Oberaden datiert. In Oberaden finden sich überwiegend Teller und Tassen mit einem Gefäßrand, der als „überhängende Lippe" ausgebildet ist, und die somit in der Zeit von 11 v. Chr. bis 8 v. Chr. hergestellt wurden; in Haltern ist zwar die „überhängende Lippe" noch im Fundgut vertreten, den Schwerpunkt bilden jedoch Gefäße mit profiliertem Steilrand. Inzwischen sind durch Grabungen zwölf Töpferöfen innerhalb und außerhalb des Lagers bekannt geworden. Ausgerechnet bei den Bauarbeiten zum Westfälischen Römermuseum, das auf dem Areal des Hauptlagers und des darunter liegenden Marschlagers geplant und ausgeführt worden ist, fanden die Archäologen den bisher größten Töpfereibezirk im Bereich des jetzigen Museumsparkplatzes. Die uns sogar namentlich bekannten römischen Töpfer von Haltern, Saturnius und P. Flos, fertigten hauptsächlich Gebrauchsgeschirr, wie Kochtöpfe, Schüsseln, Krüge, Kannen und Becher. Ihre Produktion erstreckte sich auch auf Öllämpchen, Figuren und grünglasierte Keramik. Selbst an Terra sigillata versuchte man sich. Diese Gefäße aus sehr feinem Ton mit rotem Überzug waren oftmals mit Figuren und Ornamenten geschmückt. Einer der Fabrikanten der in Haltern gefundenen Terra sigillata hieß Ateius. Er produzierte zunächst in Arezzo und Pisa, folgte dann den römischen Legionen nach Gallien und eröffnete unter anderem eine Filiale in Lyon. Aus Pisa und Lyon stammen die meisten Gefäße, die in Haltern von den Archäologen aus dem Boden geholt wurden. Ihre Namen überlieferten die Töpfer für die Ewigkeit, indem sie ihn in ihre Produkte stempelten. Halterner Töpferware von P. Flos war auch in anderen Militärstützpunkten am Rhein in Gebrauch.

Die Zeugnisse römischen Alltagslebens in Germanien sind zahlreich. Sie hier aufzuzählen wäre nicht sinnvoll, zumal repräsentative Stücke aus allen Lippelagern im Westfälischen Römermuseum in Haltern ausgestellt sind.

Einige Fundstücke mit besonderer Aussagekraft verdienen jedoch unsere Aufmerksamkeit, weil sie ein Ereignis von weltpolitischer Bedeutung beleuchten.

Im Jahr 9 n. Chr. lockten germanische Verbände unter dem Kommando des Arminius den Statthalter Publius Quinctilius Varus, vermutlich in der Nähe von Osnabrück, in einen Hinterhalt. Sie rieben die 17., 18. und 19. Legion sowie einige Hilfstruppen auf. Varus stürzte sich angesichts der ausweglosen Lage in sein Schwert. Die 19. Legion war vor ihrem Niedergang in Haltern stationiert gewesen. Ein Bleibarren mit der Inschrift „CCIII L XIX“, die das Gewicht des Stückes und die 19. Legion als Besitzer angibt, ist einer der Belege. Der zweite Beleg ist eine Keramikscherbe. Auf ihr kann man als Graffiti eingeritzt den Namen Fenestela lesen. Ein Mann namens Fenestela ist durch einen Grabstein als Veteran der 19. Legion bekannt. Er muss vor 9 n. Chr. in dieser Einheit, die mit Varus in den Untergang marschierte, Dienst getan haben. Da der Name Fenestela äußerst selten vorkommt, dürfte die Wahrscheinlichkeit sehr groß sein, dass auf dem Grabstein und auf der Scherbe von Haltern dieselbe Person gemeint ist.

Nur wenigen Mitgliedern der drei Unglückslegionen gelang die Flucht vor den grausamen Verfolgungen auf dem Schlachtfeld bis nach Haltern und später an den Rhein, von

der die antiken Schriftsteller berichten. Der Fund von 24 Skeletten junger Männer in einem Töpferofen in Haltern könnte ein Hinweis darauf sein, dass Haltern von den Germanen angegriffen und niedergebrannt wurde. Der Überlieferung zufolge konnte sich eine kleine Besatzung des Lagers Aliso (Haltern?) unter ihrem Präfekten an den Rhein zurückziehen. Dabei ist die Rede von Frauen, Kindern und vielen römischen Bogenschützen. Eine Grube voller Geschützpfeile in Haltern untermauert zusammen mit den Skelettfunden die Glaubwürdigkeit dieses Berichts.

Zu den römischen Militäranlagen in Haltern gehörte auch eine Marineeinheit, die direkt an der Lippe untergebracht war. Aus offenen Bootsschuppen konnten die Schiffe sofort zu Wasser gelassen werden.

Wo bestatteten die Bewohner der Lager und der Lagervorstadt in Haltern ihre Toten? Ein einzelner Grabplatz östlich des Annaberges animierte die Archäologen, an dieser Stelle nach weiteren Gräbern zu suchen. Die Erwartungen wurden durch eine systematische Untersuchung 1982 mehr als erfüllt. Im Ergebnis führte sie über die Jahre zur Freilegung des bislang einzigen ausschließlich auf die Augusteische Zeit datierbaren Gräberfeldes nördlich der Alpen. 62 Bestattungen auf der Südseite entlang einer rund 40 Meter breiten Straße vermittelten Eindrücke von römischen Bestattungsriten. An dieser Via appia von Haltern wechseln einfache Gräber, die lediglich einen zur Urne umfunktionierten Kochtopf aus Keramik enthalten, mit aufwendigen Rundbauten, die einen Durchmesser von 4 bis 14 Metern aufwiesen. Diese kreisrunden Gräber besaßen Aufbauten aus Fachwerk, orientierten sich aber an italienischen Steingräbern dieser Zeit. In den aufwendigen Gräbern sind als Beigaben Ölfläschchen aus Glas, Trinkgefäße und Fragmente von figürlichen und ornamentalen Schnitzereien aus Tierknochen teilweise mit Blattgoldresten enthalten. Sie stammen von hölzernen Totenbetten. Der ausdrucksvolle Kopf mit eingelegten Glasaugen auf dem Titel dieses Buches könnte die Front einer Totenbettlehne geziert haben. Die Totenbetten gehörten sicher zu Bestattungen höherer Offiziere und Beamte. Etwa 20 Prozent des Gräberfeldes wurden untersucht.

Bis in die jüngste Zeit ließ der Ausgrabungsbefund den Schluss zu, die römische Geschichte Halterns sei mit dem Jahr 9 n. Chr., der Katastrophe der Varusschlacht, beendet. Seit 1999 gibt es jedoch Hinweise, dass der Platz Haltern noch einmal während der Feldzüge des Germanicus in den Jahren 15 und 16 n. Chr. für die römischen Truppen von Bedeutung war. Die Entdeckung eines weiteren Lagers im Osten Halterns im Jahr 1999 stützte diese Vermutung. Bisher konnte der Verlauf eines Spitzgrabens durch Suchschnitte belegt werden. Funde von Keramik und Münzen, die zur Datierung zu verwenden wären, werden von einer zur Zeit laufenden Grabung erwartet. Germanicus, Sohn des Drusus, führte mehrere Kriegszüge in germanisches Gebiet und brachte die in der Varusschlacht verlorenen Legionsadler wieder zurück. Die Bemühungen, Germanien zur römischen Provinz zu machen, gab Kaiser Tiberius auf. Der Rhein blieb die Grenze des Imperium Romanum. Die archäologische Forschung in den Lippelagern, vor allem in Haltern, bestätigte zum einen die Berichte der antiken Schriftsteller und ermöglichte zum anderen Einblicke in Heerwesen und Legionsalltag der Römer.

Die 19. Legion aus Haltern und die 18. Legion aus Xanten zogen mit Varus in die Schlacht

12.

Mindestens eine der Legionen, die mit dem römischen Statthalter Varus in den Untergang zogen, war im Militärlager Haltern stationiert. Das Römermuseum zeigt einen Bleibarren, dem die Ziffer „XIX" eingeschlagen ist, die ihn als Besitz jener XIX. Legion ausweist, die 9 n. Chr. dabei war. Den Ort dieser Schlacht glaubten Archäologen 1987 gefunden zu haben. Manchmal führt die Forschung auch dazu, vermeintlich sensationelle Entdeckungen wieder zu relativieren oder in diesem Falle den angenommenen Standort der Varusschlacht zu diskutieren und weiter zu suchen. Aus diesem Grund sei eine Reise nach Osnabrück empfohlen, denn dort

In Kalkriese bei Osnabrück fand möglicherweise 9 n. Chr. die Schlacht zwischen dem Cheruskerfürsten Arminius und dem römischen Statthalter in Germanien, Publius Quincitilius Varus, statt. Archäologen graben immer noch auf dem Areal, das sie für das Schlachtfeld halten. In der Präparationswerkstatt wird eine Gewandnadel gereinigt.

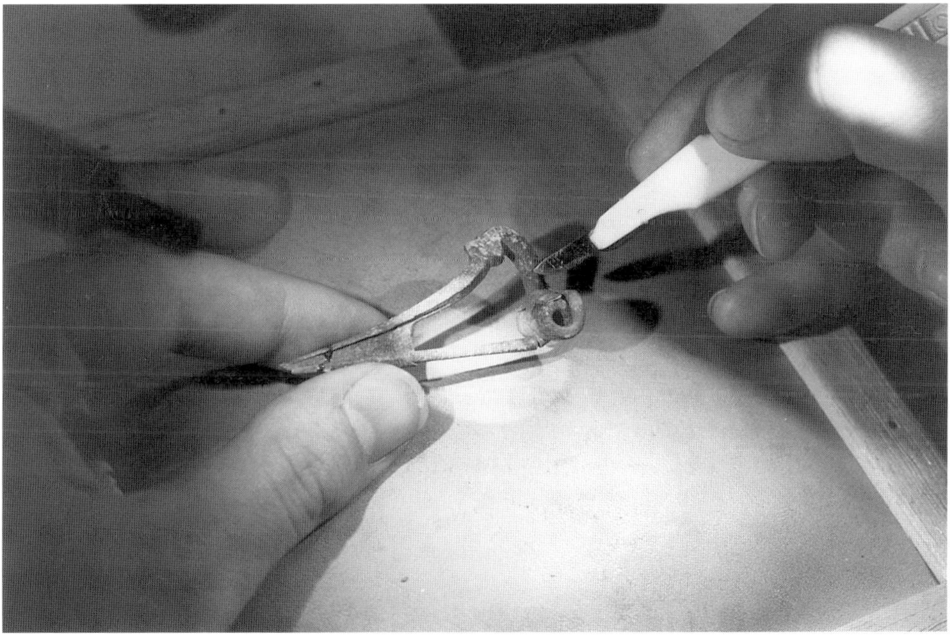

kann, wer will, den Archäologen über die Schultern schauen und in einem Informationszentrum und Museumspark sehen, mit welcher Taktik die germanischen Haufen des Arminius nach derzeitiger Erkenntnis die seinerzeit beste Armee der Welt aufrieben.

Die Landschaft links und rechts der Bundesstraße 218, die von der Autobahnausfahrt Bramsche der A 1 in Richtung Engter und Kalkriese führt, macht einen friedlichen Eindruck. Bauernhäuser ducken sich in wohlbestellte Felder, von Urwäldern und gefährlichen Mooren weit und breit keine Spur. Das war im Jahr 9 n. Chr. anders. Nur wenige Kilometer westlich der heutigen Autobahn erlebte vor fast 2.000 Jahren die römische Rheinarmee ein Desaster, das den damals regierenden Caesar Augustus in Rom dazu bewog, sich wochenlang weder Bart- noch Haupthaar schneiden zu lassen und des öfteren seinen Kopf an die Wand zu stoßen. Dabei soll er ausgerufen haben: „Varus, wo sind meine Legionen?“ Arminius, germanischer Fürst vom Stamm der Cherusker, den die Heimatforscher leichtfertig zum deutschen „Hermann“ machten, vernichtete mit seinen Kriegern innerhalb von drei Tagen drei römische Legionen und weitere Hilfseinheiten, insgesamt 25.000 Mann.

Der Osnabrücker Archäologe Prof. Dr. Wolfgang Schlüter und sein Team glaubten den Ort in Kalkriese gefunden zu haben. Sie hatten und haben dafür gute Gründe ins Feld zu führen. Archäologen sind in ihren Schlussfolgerungen vorsichtig, und Schlüter sprach, von ihm eine eindeutige Antwort erhalten wollte, stets davon, daß man den Ort einer größeren kriegerischen Auseinandersetzung zwischen Römern und Germanen gefunden habe.

Schlüter und seine Leute graben seit 1989 auf dem sogenannten Oberesch von Kalkriese. Sie waren durch einen Münzsammler aufmerksam geworden. Der britische Captain J. A. Clunn entdeckt 1987 bei seinen Feldbegehungen in der Kalkrieser Senke einen zerpflügten Münzschatz aus römischer Zeit und erstmals Anzeichen für kriegerische Auseinandersetzungen in diesem Gebiet. Neben den Münzen förderte er drei Schleudergeschosse aus Blei zutage. Prof. Schlüter, Stadt- und Kreisarchäologe aus Osnabrück, witterte eine Spur, die in Richtung Germanenkriege zur Zeitenwende deutete. Seine Mitarbeiter setzten im Gelände Metall-

Der Ausgräber des Varus-Schlachtfeldes, Prof. Dr. Wolfgang Schlüter, in der Kalkriesegrabung.

suchgeräte ein, fanden weitere Münzen und auch Militaria der Augusteischen Zeit. Auf dem Oberesch bei Kalkriese stießen die Archäologen im ersten Probeschnitt gleich auf den spektakulärsten Fund. Sie bargen einen rostigen Klumpen, der unter der Hand des Restaurators zur Gesichtsmaske eines Helmes mutierte, die einmal mit Silberblech überzogen gewesen war.

Die Maske, die möglicherweise von Offizieren der römischen Reiterkohorte getragen wurde, lag unter einer eingestürzten Rasensodenmauer, die ebenfalls im Planum des Suchschnittes zutage trat. Die Befestigung, die nach ersten

Erkenntnissen eine Länge von 200 Metern hatte, fand erst jüngst eine Entsprechung: Es wurde ein weiterer Wall gefunden, und zwischen beiden klaffte eine Lücke von etwa zehn Metern. Offensichtlich waren die Wälle von den Germanen als Hindernisse angelegt worden, um die Kriegsordnung der römischen Legionen erst gar nicht aufkommen zu lassen.

Die Mauern waren etwa 4-5 Meter breit und etwa zwei Meter hoch, sie besaßen an verschiedenen Stellen Durchlässe. Ein großer Teil der Funde lag am Fuß der teilweise eingestürzten Wälle, und es scheint, als seien die römischen Truppen dagegen angelaufen und von den dahinter lauernden Germanen erschlagen worden.

Berichte antiker Schriftsteller, vor allem von Tacitus und Cassius Dio, werden durch die archäologischen Funde bestätigt. Danach gerieten in den regnerischen Septembertagen des Jahres 9 n. Chr. drei römische Legionen, verstärkt um sechs Kohorten Hilfstruppen und drei Reiterschwadronen und irregeführt durch germanische „Scouts" in den Engpass zwischen Kalkrieser Berg im Süden und dem Großen Moor im Norden. Aus der Deckung der als Hindernisse aufgebauten Rasensodenmauern stürzten sich die Germanen verschiedener Stämme unter Führung des ehemaligen römischen Offiziers Arminius auf die Truppen des Publius Quinctilius Varus und vernichteten sie.

Die Archäologen stießen im Boden auf die Spitzen römischer Wurfspieße und auf Teile römischer Rüstungen. Gewandfibeln, Schwertscheideklammern, Schildbuckel, Helmbuschhalter und immer wieder Münzen liegen auf dem Schlachtfeld.

Im Jahr 18 n. Chr. suchte der Varus-Nachfolger Germanicus das Schlachtfeld noch einmal auf und bestattete in Massengräbern, was von den Leichen noch übrig war. In einer Grube auf dem Oberesch fanden die Archäologen, entsprechend der Kenntnisse um die Feldzüge des Germanicus, Knochen von Menschen und Tieren. Einige der Schädel wiesen Verletzungen, vermutlich von Schwerthieben, auf. Kleinere Artefakte in der Grube sind römischer Herkunft. Keines der Skelette war vollständig. Daraus lässt sich folgern, dass die Toten einige Jahre an der Oberfläche lagen, denn Germanicus besuchte das Varus-Schlachtfeld erst neun Jahre nach der Katastrophe.

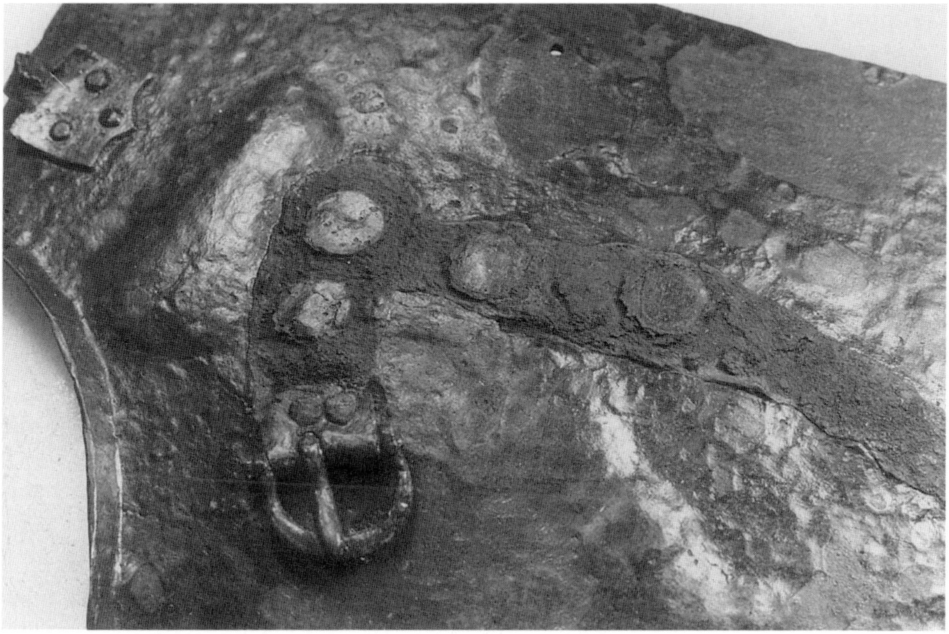

Metallenes Schulterstück eines römischen Schienenpanzers mit Lederverzierungen und Schnalle vom Varus-Schlachtfeld.

Vor allem die gefundenen Münzen sollten den Beweis für Kalkriese als Schauplatz der Varusschlacht erbringen und tragen nun dazu bei, dass eine Diskussion unter Numismatikern ausgelöst wurde, die Kalkriese als Schlachtfeld in Zweifel zieht. Keine einzige der Münzen, die in Kalkriese gefunden wurden, ist später als 9 n. Chr. geprägt worden. Einige der „Asse", des Soldatengeldes, tragen auf der einen Seite den Kopf des Augustus und auf der anderen Seite die drei Buchstaben VAR für Varus.

Seit Beginn der Grabungen in Kalkriese konnten mehr als 600 Teile römischer Militärausrüstungen und mehr als 700 römische Münzen geborgen werden.

Varus, der ein Verwandter des Kaisers war und aus altpatrizischer Familie stammte, war vor seinem Einsatz in Germanien Statthalter in Afrika, dann in Syrien, wo er sich bei der Niederschlagung der nach dem Tode des Herodes in Palästina ausgebrochenen Unruhen bewährte. Unter seiner Statthalterschaft wurde mit großer Wahrscheinlichkeit Jesus geboren. Vielleicht fand er in Kalkriese sein Ende. Bekanntlich stürzte er sich in sein Schwert.

Zeittafel zur römischen Invasion Germaniens

Zeit	Ereignis
12 - 9 v. Chr.	Germanenfeldzüge des Drusus bis zur Elbe - Bau des Militärlagers Oberaden
6 v. Chr.	L. Domitius Ahenobarbus (Großvater des späteren Kaisers Nero) für kurze Zeit Oberfehlshaber am Rhein
Christi Geburt	Wahrscheinlich um diese Zeit Bau der Anlagen in Haltern
4 n. Chr.	Rückkehr des Tiberius aus Rhodos (freiwillige Verbannung)
4 - 6 n. Chr.	Tiberius wird Oberbefehlshaber der Rheinarmee
7 n. Chr.	Weitere Romanisierung der Gebiete zwischen Rhein und Elbe durch Publius Quinctilius Varus
9 n. Chr.	Niederlage des Varus im Teutoburger Wald - Auflösung der Militäranlagen in Haltern
15/16 n. Chr.	Feldzüge des Germanicus in Germanien - Während dieser Zeit wahrscheinlich Bau eines Marschlagers in Haltern
21 n. Chr.	Ermordung des Arminius

Sein Gegenpart Arminius, ein Cherusker vornehmer Herkunft, war in Rom erzogen worden und hatte beim römischen Militär Karriere gemacht. Obwohl erst Mitte zwanzig, schlugen ihn die Römer zum Ritter. Als Tiberius Befehlshaber der Rheinarmee war, führte Arminius das cheruskische Hilfskontingent als Militärtribun. Sein Sieg über Varus brachte ihm nicht das Glück, dass er sich möglicherweise erhoffte. Während der Feldzüge des Germanicus geriet seine schwangere Frau in römische Gefangenschaft und wurde im Triumphzug auf der Via sacra in Rom mitgeführt. Arminius selbst wurde Opfer einer Stammesintrige. Er wurde im Alter von 36 oder 37 Jahren ermordet.

Einige wenige Legionäre entkamen dem Massaker der Varusschlacht, und ihre Spur führt uns wieder ins Lager Aliso nach Haltern. Dem Legaten des Varus, Numonius Vala, gelang mit einem versprengten Haufen die Flucht, zuerst nach Haltern, das von den germanischen Kriegern bestürmt wurde. Von diesem Ereignis erzählen die Skelette flüchtig Bestatteter in einem Töpferofen, die beim Bau des Parkplatzes für das Römermuseum in Haltern gefunden wurden. Vala gelangte bis ins Lager Vetera bei Xanten, wo er sich in Sicherheit bringen konnte.

Grabstein eines Centurio, der in der Varusschlacht gefallen ist. Der Grabstein wurde in Xanten gefunden und steht heute im Rheinischen Landesmuseum in Bonn.

Die Bezeichnungen XVII, XVIII und XIX für die an der Schlacht beteiligten und vernichteten Legionen galten als Unglückszahlen und wurden nie wieder vergeben. Als die Nachricht von der Schlacht im „Teutoburgiensis saltus“ (Tacitus) Rom erreichte, ging die Furcht in der Hauptstadt der Welt um. Augustus ordnete für die Überlebenden der Schlacht an, dass sie niemals wieder römischen Boden betreten dürften. Der Kaiser fürchtete negative Propaganda. Er ließ Rom militärisch sichern, löste seine germanische Leibwache auf und verstärkte die Rheinarmee.

Die Römer räumten ihre Stützpunkte entlang der Lippe, eine Tatsache, die archäologische Befunde aus den Standorten im Ruhrgebiet bestätigen. Germanicus führte noch einmal in den Jahren 14 bis 16 n. Chr. Rachefeldzüge in Germanien und konnte die verloren gegangenen Legionsadler der Varus-Legionen zurückerobern. Bisher sind nur wenige archäologische Zeugnisse dieses Zeitabschnittes im Ruhrgebietsraum und darüber hinaus gefunden worden. Ein neu entdecktes Marschlager nordöstlich des Halterner Hauptlagers könnte aus dieser Zeit stammen. Weitere Grabungen werden Klarheit bringen.

In der Beurteilung des Schlachtfeldes von Kalkriese sind die Wissenschaftler uneins: Sie spalten sich in eine Varus- und eine Germanicus-Fraktion. Die einen sagen, Kalkriese sei der Ort der Schlacht, die anderen, der Germanicus-Fraktion zugehörig, setzen die Kalkrieser-Funde in Zusammenhang mit den Germanicus-Feldzügen. Münzfunde des neu entdeckten Lagers in Haltern haben diese Diskussion unter anderem ausgelöst, die allerdings noch nicht beendet ist. Die Archäologie im „Revier" bleibt spannend.

Germanische Händler auf dem Zechengelände

13.

Der Bergbau besaß einen religiösen Ursprung

Von der Gründung der Zeche Erin zu Tacitus muss man im Ruhrgebiet keine weiten Wege zurücklegen. Als die Schachtanlage zwischen 1955 und 1956 nach Süden erweitert wurde, stießen die Arbeiter auf ein verlandetes Bachbett, dessen Verfüllung mit Knochen, Scherben und römischen Münzen durchsetzt war. Erst von 1991 bis 1994, die Zeche war längst stillgelegt, beschäftigten sich Archäologen des Westfälischen Museums für Archäologie mit dieser Fundstelle. Sie fanden eine Siedlung und einen Handels- und Opferplatz der Germanen aus dem 3.und 4. Jahrhundert nach Christus. Und nun zu Tacitus, der sich in seiner Schrift „Germania“ mit den Handelsgewohnheiten der germanischen Stämme östlich des Rheins beschäftigte. Archäologische Forschung zeigte den historischen Gehalt diese Schrift auf, die allerdings auch auf überlieferten Vorurteilen den Germanen gegenüber beruht. Über den Autor selbst gibt es keine gesicherten Lebensdaten. Vermutlich wurde er um das Jahr 55 n. Chr. im südlichen Gallien geboren und kam zum Studium nach Rom. 78 n. Chr. heiratete er die einzige Tochter des Gnaeus Iulius Agricola. Tacitus war im Laufe seines Lebens unter dem Kaiser Nerva Konsul und verwaltete später als Prokonsul die Provinz Asien. In seiner schriftstellerischen Arbeit setzte er den einsamen Schlusspunkt unter die dreihundertjährige Tradition römischer Geschichtsschreibung. Wahrscheinlich 98 n. Chr., noch zu seinen Lebzeiten, erschien die kleine Schrift „Germania“, in der es über die Handelsgewohnheiten der Germanen heißt:

„Was Silber und Gold betrifft, so bin ich mir im Zweifel, ob es ihnen die Götter aus Gnade oder im Zorn vorenthalten haben. Dennoch möchte ich nicht behaupten, dass keine Ader Germaniens Silber oder Gold führt: Wer hat denn schon danach gesucht? Durch seinen Besitz und Gebrauch lassen sie sich nicht besonders beeindrucken. Man kann bei ihnen silberne Gefäße, die ihre Gesandten und führenden Männer als Geschenke erhalten haben, mit der gleichen Geringschätzung behandelt sehen wie irdenes Geschirr. Indes haben die uns am nächsten siedelnden Stämme wegen des Handelsverkehrs Gold und Silber zu schätzen gelernt; sie nehmen auch bestimmte Sorten unseres Geldes an und sind dabei sogar wählerisch. Die Stämme im Inneren des Landes tauschen auf die einfachere und ursprünglichere Art immer noch Waren. Vom Geld halten sie nur das alte und ihnen seit langem vertraute für gut."

Die Fundsituation bestätigt die Beobachtungen des Römers. Östlich der Siedlung auf dem Zechengelände von Erin gingen zahlreiche Kleingegenstände während der Händlertätigkeiten verloren und wurden in den Boden getreten. Spielsteine und Perlen, Wetz- und Schleifsteine, Hunderte von Eisengegenständen, kleine Gewichte und Barren, Bleche, Nadeln, Beschläge, Schnallen, Fibeln und römische Münzen. Viele der Gegenstände waren beschädigt, offensichtlich Altmetall, das wiederverwendet werden sollte. Den Germanen standen mit Ausnahme von Eisen keine Metall-Lagerstätten zur Verfügung, Altmetall stellte folglich ein erhebliches Kapital dar.

Die Lage der Siedlung und des Handelsplatzes nur rund 50 Kilometer vom Rhein und damit von den Grenzen des römischen Imperiums entfernt bot sich als Ort zum Warentausch und -kauf geradezu an. Den Archäologen gelang es aus den Bruchstücken einer Silberfibel, die über mehrere Quadratmeter verstreut lagen, das vollständige Stück zusammenzusetzen. Medizinische Instrumente, wie Pinzetten, Spatelsonden und ein kleiner Salbenlöffel aus Bronze, gelangten in die Schmelztiegel germanischer Schmiede.

Das auf Erin gefundene Münzgeld war zum Teil Zahlungsmittel, zum Teil beliebter Rohstoff. Für Westfalen lässt sich aufgrund der Fundlage der Weg vom zerkleinerten römischen Altmetall über den Guss stangenförmiger Barren und die weiteren Arbeitsgänge für verschiedene Halbfabrikate bis hin zu fertigen Gewandspangen (Fibeln) verfolgen.

Die Römer trieben organisierten Handel mit den germanischen Stämmen östlich des Rheins. Zu Neros Zeiten reiste ein römischer Ritter in die Ostseeländer, wo er *commercia*,

Handelsposten, besuchte, und er kehrte mit großen Mengen Bernstein für die Dekoration der kaiserlichen Spiele in Rom zurück. In Castrop-Rauxel wird ein solcher Handelsposten gelegen haben. Die römischen Händler brachten Informationen aus dem *barbaricum* mit ins Imperium, die zu strategischen Zwecken ausgewertet wurden, aber wohl auch von Tacitus für seine historischen Schriften als Quellen verwendet wurden.

Nun waren die Germanen nicht nur Empfänger römischer Waren, sondern boten selbst in den Handelsposten in Germanien Waren feil. Hauptexporte Germaniens waren vermutlich Sklaven, Frauenhaar und Tierprodukte, wie Felle und Fleisch.

Um den Handel zu einem guten und erfolgreichen Abschluss zu führen, gab es nahe des Handelszentrums auf der Zeche Erin auch einen Opferplatz. Bekannt sind die großen Weihedepots in Dänemark und Schleswig-Holstein, in denen Waffen und Schmuck in großer Zahl über Jahrhunderte niedergelegt wurden. Auf Erin in Castrop-Rauxel bargen die Archäologen Tieropfer. Da lagen zwei Rinderköpfe mit mehreren Beinknochen in einer Grube. Drei Hunde waren der Erde anvertraut worden, einer von ihnen ohne Kopf und Pfoten. Da auch seine Schulterblätter und einige Wirbel des Skeletts fehlten, liegt die Vermutung nahe, dass das Fell mit Kopf und Füßen einer besonderen Verwendung diente. Unterkiefer und Beine eines Pferdes gehörten zu den Opfern, die in bestimmter Anordnung in den Boden gelangten.

Welche Riten bei der Niederlegung der Opfergaben praktiziert wurden, lässt sich aus den archäologischen Befunden nur zum Teil herauslesen. Tacitus berichtet in seiner „Germania" von heiligen Lichtungen und Hainen, auf denen die Götter durch Opfer verehrt wurden. Dort wurden Schimmel gehalten, die niemals mit einem Sterblichen in Berührung kamen. Die Germanen achteten auf ihr Wiehern und Schnauben und deuteten diese Lautäußerungen als Vorzeichen kommender Ereignisse. Dem Pferd schenkten sie große Aufmerksamkeit, das bestätigt jedenfalls auch die Deponierung von Pferdeknochen auf dem Opferplatz in Castrop-Rauxel.

Dass dieser Händler- und Opferplatz ausgerechnet auf einem Zechengelände gefunden wurde und an diesem Ort wegen des Mangels an Rohstoffen Altmetall gehandelt wurde, mag angesichts der jüngeren Geschichte des Ruhrgebietes paradox erscheinen. Die Zeche Erin, Sinnbild für die Ausbeutung des Rohstoffes Kohle, gehört inzwischen auch schon der Geschichte an. 1983 wurde die Schachtanlage stillgelegt, das Fördergerüst zum Wahrzeichen eines neuen Dienstleistungs-, Gewerbe- und Landschaftsparks, Bestandteil des Projektes „Arbeiten im Park" der Internationalen Bauausstellung Emscher Park. Im Dienstleistungszentrum des neuen Parks sind die Funde aus dem 3. bis 5. Jahrhundert ausgestellt. Wenn der stellvertretende Direktor des Deutschen Bergbaumuseums in Bochum die Wurzel des Bergbaus in religiösen Motiven vermutet, dann darf an dieser Stelle und mit Blick auf den germanischen Opferplatz inmitten eines alten Zechengeländes der Bogen zur Geschichte des Bergbaus und der archäologischen Erkenntnisse aus diesem Teil der Ruhrgebietskultur geschlagen werden. Montanarchäologie heißt dieses Kapitel der Bodenforschung.

Der Rötel in einer Opfergrube jungsteinzeitlicher Bauern in Dortmund (siehe Kapitel „Bauern und Schmiede entdeckten ihre Vorliebe für Oespel und Marten: Siedlungskammer von der Steinzeit bis heute!") wird im Felsenmeer bei Hemer im Sauerland abgebaut worden sein. Mit Rötel, wissen Montanarchäologen, bestreute man über viele Jahrtausende die Toten in den Gräbern als Zeichen für ein neues Leben. Das älteste technikgeschichtliche Bodendenkmal in Nordrhein-Westfalen stammt nun nicht, wie man erwarten könnte, aus dem größten industriellen Ballungsraum Europas, sondern aus Aachen. Am Lousberg bauten Bergleute der Jungsteinzeit in kreidezeitlichen Sedimenten Feuerstein ab und schufen daraus flächendeckend geschliffene Klingen. Von 1978 bis 1980 gruben am Lousberg Wissenschaftler des Deutschen Bergbau-Museums Bochum und fanden neben halbfertigen und fertigen Klingen auch die steinernen Abbaugeräte.

Als Mitte des 19. Jahrhunderts das Ruhrgebiet zum Zentrum des Kohleabbaus und der Verhüttung von Eisen avancierte, war diesem Prozess eine Entwicklung vorausgegangen, die südlich des heutigen Reviers begann. Dort profitierten im waldreichen Sauerland die Menschen von dem Reichtum an Holz, Wasser und Erzen. Bei Balve-Garbeck fanden Archäologen des Westfälischen Museums für Archäologie nicht nur eine germanische Siedlung des 1. Jahrhunderts, sondern in den Hinterlassenschaften der Bewohner auch Bleibarren. Ein früher Hinweis auf den Abbau von bleihaltigen Erzen. Vom 8. bis zum 13. Jahrhundert verhütteten die Sauerländer in kleinen Rennfeueröfen, die vorzüglich in Bachtälern angelegt wurden, Roheisen. Später bauten sie höhere Öfen, sogenannte Floßöfen, in denen im indirekten Verfahren durch „Frischen“ schmiedbares Material hergestellt werden konnte. Durch die Erfindung des Verfahrens zur Verkokung der Steinkohle kam das Ende der Schmiedezentren des Sauerlandes, weil die verkokte Steinkohle zunehmend die Holzkohle als Energieträger ersetzte. Zwar ist schon für das 13. und 14. Jahrhundert Steinkohleabbau für das Ruhrgebiet bezeugt, aber erst der Tiefbau machte die effektive Ausbeutung der unter dem Revier liegenden Flöze möglich. Vor allem im Süden des Ruhrgebietes sind viele Zeugnisse der frühen Steinkohlegewinnung in der Landschaft zu sehen. Besonders gute Möglichkeiten, die Geschichte des Bergbaus im Ruhrgebiet vor Ort kennenzulernen, bestehen im Muttental bei Witten. 1995 mußte im Bereich der Zeche Nachtigall im Muttental die Trasse eines neuen Regenwasserkanals gebaut werden. Sie überschnitt an zwei Stellen das am Ufer der Ruhr gelegene Bodendenkmal „Kohlenniederlage der Zeche Nachtigall“. Ein Grabungsteam des Westfälischen Museums für Archäologie setzte vor der Baumaßnahme zwei Sondagen an. Dabei stießen die Ausgräber auf mehrere offene, im 19. Jahrhundert am Ufer der Ruhr angelegte Steinkohlen-Depots. In ihnen wurde die im Muttental geförderte Kohle zwischengelagert, ehe sie auf der Ruhr mit Schiffen weitertransportiert werden konnte, was damals noch möglich war. Diese Depots bestanden aus Bruchstein und waren mit Trockenmauerwerk eingefasst. Zum Fluss hin gab es breite Durchlässe. Der Pfostenstumpf im Vorfeld der Depots diente zum Festmachen der Lastkähne.

Heute ist das Muttental ein einzigartiges Freilichtmuseum zur Geschichte des Bergbaus und seiner Bodendenkmäler im Ruhrgebiet. Auf dem Rundweg sieht der Besucher frühe Formen der Steinkohlegewinnung im Tagebau, die durch das Anlegen von Gräben (Pingen) und Löchern möglich war, weil die Flöze im Süden des Reviers oberflächennah verlaufen. Stollenmundlöcher in den Hängen und verschiedene Förderhilfen, wie Göpel und Haspel, verweisen auf die ersten Möglichkeiten, Stollen in den Berg zu treiben, um auch die tieferliegenden Kohleflöze zu erschließen.

Die größte erhaltene Anlage im Muttental ist die Zeche Vereinigte Nachtigall. Die erstmals 1728 urkundlich erwähnte Stollenzeche entwickelte sich ab 1854 zu einer der ersten und größten Tiefbauzechen des Reviers. Zur Zeche Nachtigall gehörte das von Archäologen nachgewiesene Kohledepot an der Ruhr.

Die Gewinnung von Rohstoffen trieb die Entwicklung der Menschheit voran. Erst waren es die kunstvoll zubehauenen Steine, die langsam vom Metall als Rohstoff verdrängt wurden. Im Laufe der Jahrtausende änderten sich Gewinnung und Verarbeitung der Rohstoffe. Inzwischen gehören Steinkohlebergbau und Stahlindustrie im Ruhrgebiet fast schon der Vergangenheit an und werden zum Teil ebenfalls schon Gegenstände der archäologischen Forschung.

Streifzug durch die Antike mitten im Ruhrgebiet

14.

Die Sammlungen in Essen, Bochum und Hamm

Wer im 6. oder 5. Jahrhundert v. Chr. die kleine Glasperle im Sand der syrischen Wüste verloren hat, wissen wir nicht. Sie hat ein Gesicht, angedeutet durch lustige Knopfaugen. Der Blick der Besucher des Ruhrlandmuseums trifft sich mit dem der syrischen Perle, dem Blick, der aus der Antike kommt.

In den archäologischen Sammlungen in Essen und an der Ruhruniversität Bochum sind an einem Sonntagnachmittag Begegnungen mit den Hochkulturen des Vorderen Orients, Ägyptens, Griechenlands, Etruriens und Roms möglich. Ge-

Bronzestücke aus der Luristan-Sammlung des Ruhrlandmuseums in Essen. Sie stammen aus der Zeit zwischen 1300 und 600 v. Chr.

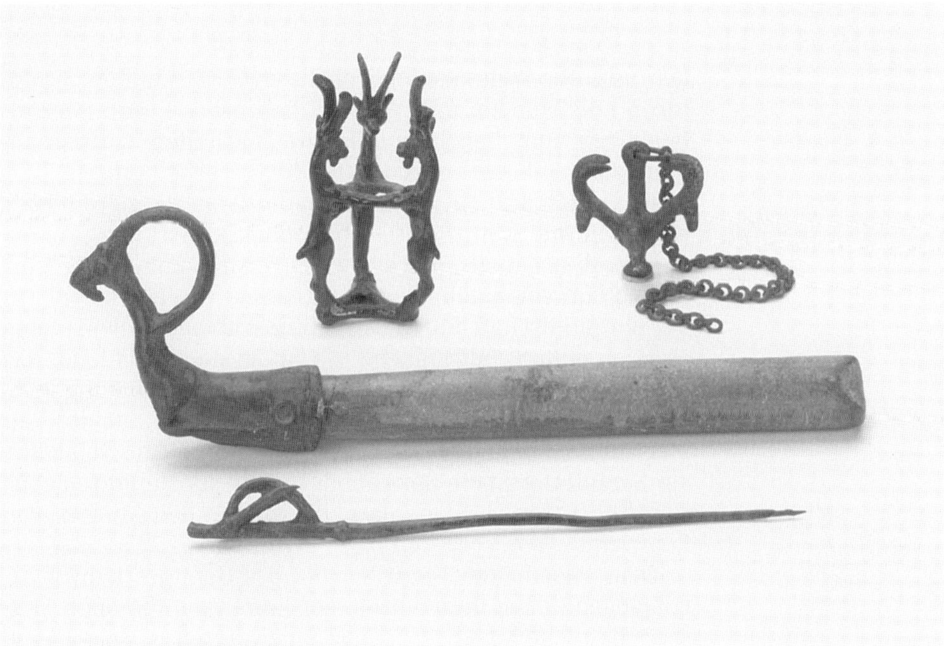

Wagenmodell aus Syrien, zu sehen in der archäologischen Sammlung des Ruhrlandmuseums in Essen. Das Modell wurde in der zweiten Hälfte des 3. Jahrtausends v. Chr. hergestellt.

heimnisvolle Welten teilen sich durch Gerätschaften, Skulpturen und Münzen mit, Welten, die unsere Kultur wesentlich beeinflußt haben und Errungenschaften vorwegnahmen, die uns heute selbstverständlich erscheinen.

Da tanzen drei Fabelwesen aus Luristan Ringelrein oder eine gehörnte Göttin starrt mit großen kreisrunden Augen auf die Menschheit. Die Essener Luristan-Sammlung gehört mit zu den vollständigsten, die Zeugnis von einem Volk in der Berglandschaft des Zagrosgebirges ablegen. Dieses lebte etwa ab dem 3. Jahrtausend v. Chr. in dem Hochland, das Iran gegen Mesopotamien abgrenzt. Waffen, Rüstungsteile und Schmuck im Ruhrlandmuseum stammen aus der Zeit zwischen 1300 und 600 v. Chr. Das bedeutendste Stück dieser Sammlung ist ein Spitzhelm. Von dieser Helmform existieren nur wenige Exemplare, die sich in den Museen von Leningrad, New York und Paris befinden.

Dem rätselhaften Nomadenvolk des Gebirges kamen Archäologen ersten in den dreißiger Jahren auf die Spur. Wissenschaftliche Ausgrabungen erfolgen ersten zwischen 1960

Dieser Helm aus Zinnbronze wird der Luristan-Kultur zugeschrieben.

und 1970. Ein Teil der Bronzen läßt Vergleiche mit Mesopotamien zu, andere verweisen in ihrer Formensprache in Richtung Syrien und Iran. Die Essener Funde sind größtenteils Grabbeigaben. Sie vermitteln einen einzigartigen Einblick in die Bronzeverarbeitung des 3. bis 1. vorchristlichen Jahrtausends. Tiere und Mischwesen, besonders beliebt bei den Luristanern, sind rätselhafte Boten einer uns fremden Welt. Eine eigene Schriftsprache, die von der Bedeutung der Figuren erzählen könnte, entwickelte dieses Volk nicht.

Vom Lebensstil schöner Ägypterinnen weiß ein Fisch aus Schiefer zu berichten, der als Schminkpalette benutzt wurde. Kosmetik in der Zeit um 3600 v. Chr. unterstrich nicht nur die Schönheit der ägyptischen Damenwelt, sondern schützte ihre Augen vor den Strahlen der Sonne. Die Sonne besaß gottähnlichen Charakter und genoss besondere Verehrung. Darum unterstrich die Ägypterin durch Schminke die Sonnensymbolik des Auges.

Gräber und Särge waren auf die Ewigkeit ausgerichtet. Die Gesichtszüge der Särge und Mumienmasken, zum Beispiel der Sargdeckel des Amon-Nisut-Tautnacht aus dem 7. bis 5. Jh. vor Chr., verweisen auf das handwerkliche Geschick in den Werkstätten, die ausschließlich für den Totenkult produzierten.

Im Osten des Reviers eröffnete die Stadt Hamm den Neubau des Gustav-Lübcke-Museums zu Beginn der neunziger Jahre mit einer großen Ägypten-Ausstellung. Mit gutem Grund, denn Hamm besitzt die größte ägyptologische Sammlung in Nordrhein-Westfalen. Schon im 19. Jahrhundert gründeten interessierte Bürger einen „Mumienverein", der eine echte ägyptische Mumie besaß, die in der Vereinskneipe ausgestellt war. Das gute Stück zerfiel unter den Bomben des Zweiten Weltkrieges zu Staub. Die Sammlung vegetierte viele Jahre in Magazinen vor sich hin, bis sie im Museumsneubau einen angemessenen Platz fand. Aus der Zeit, als die Römer am Nil herrschten, nachdem sie Ägypten zur Provinz gemacht hatten, bildete sich bei Begräbnissen der Brauch heraus, die Gesichtsmasken der Toten nicht mehr vollplastisch auszuformen, sondern die Sarkophage mit Porträts der Verstorbenen zu versehen. Eines der Schmuckstücke der Sammlung in Hamm ist das Mumienporträt einer Frau aus Fajum aus der Zeit um 100 n. Chr.

Das Porträt aus Hamm zeigt eine Frau mittleren Alters mit ovalem Gesicht, schmaler Nase und vollen Lippen. Das in der Mitte gescheitelte Haar wurde im Nacken zusammengebunden. Im Haar steckt ein Haarreif mit Blattmotiven.

Die Ägypter mumifizierten Tiere und legten sie Menschen mit ins Grab. Derartige Tiermumien sind in der Sammlung von Hamm ausgestellt.

Eine Kostbarkeit aus Theben-West ist das Totenbuch der Nes-Mut, ein beschriebener und bemalter Papyrus.

Ausgerechnet auf dem Gelände der Betonburg der Ruhruniversität Bochum offenbart sich die Antike in ihrer ganzen Pracht. Umfangreiche Sammlungen griechischer und römischer Vasen und Amphoren entführen mit ihren Malereien in die Mythen jener Zeit. Die Bochumer Fischtellersammlung mit Stücken aus der Zeit von 370 bis 310 v. Chr. ist wohl die bedeutendste und schönste ihrer Art in der Welt. Die Bilder der Fischteller stellen ein fast vollständiges Kompendium der Meeresfauna dar – Reflexe früher naturkundlicher Forschung, zu der auch die Tierkunde des Aristoteles gehört.

Zylinderpokal aus Bronze, der zur umfangreichen Essener Luristan-Sammlung gehört.

In der griechischen und römischen Bildnisplastik stehen wir den Persönlichkeiten der Antike Auge in Auge gegenüber. Unter den Porträtbüsten befindet sich der Kopf der Kaiserin Livia, Gattin des Augustus, und von Agrippa, Freund des Augustus, der die Stadt Köln gründete. Der Philosophenkaiser Marcus Aurelius ist gleich zweimal zu sehen, ebenso seine Frau Faustina Minor. Aristoteles, der Lehrer Alexanders des Großen, schaut wissend von der Wand des Museums herab.

Bochumer Archäologen sind an wichtigen Ausgrabungen in aller Welt beteiligt, ebenso an der archäologischen Forschung vor ihrer Haustür, im Ruhrgebiet.

Archäologie erleben

15.

Museen, Grabungen und virtuelle Vergangenheit

An vielen Orten des Ruhrgebietes kann man Ergebnisse archäologischer Forschung sehen, sogar Archäologie erleben, Ausgräbern über die Schultern schauen. Schon seit Jahrzehnten stellen Museen in der Region Zeugnisse der Geschichte aus, sogar solche aus antiken Stätten in Griechenland, Italien und dem alten Mesopotamien. In Archäologischen Parks und auf Archäologischen Pfaden lassen sich die Spuren der Ausgräber verfolgen. Dieser Abschnitt des Buches gibt zu den einzelnen Kapiteln Hinweise, wo was zu sehen ist. Ein Guide zu den Schätzen der Vergangenheit.

Ausgrabungen aktiv erleben

„Buddeln statt baden" in den Ferien, das geht unter Anleitung von professionellen Archäologen auch im Ruhrgebiet. Der Verein „Archäologische Kulturlandschaft Ruhrgebiet e.V." bietet seinen Mitgliedern unter anderem die Möglichkeit, aktiv an Ausgrabungen teilzunehmen.

Archäologische Kulturlandschaft Ruhrgebiet e.V.
Am Spörkel 33a – 44227 Dortmund
Tel: 0231/752157
Der Jahresbeitrag für Einzelpersonen beträgt 50,– DM.

Wer mit Pinsel und Spatel in den Ferien auf Schatzsuche gehen will, der hat die Möglichkeit dazu, zum Beispiel in Israel:
Tel-Dor-Projekt, Grabungen im israelischen Dor
Tel. u. Fax: 07561/3128

Evangelische Akademie Bad Boll,
voraussichtlich wieder Grabung in Kinnereth am See Genezareth
Tel.: 07164/790 – Fax: 07164/440

Kolping-Jugendgemeinschaftsdienste,
Workcamps für junge Leute in Israel
Tel.: 0221/20701115 – Fax: 0221/2070140

Grabung in der ehemaligen Metropole Hazor, Israel
Tel.: 06252/3556

Unter folgenden Internet-Adressen gibt es Informationen für Amateurarchäologen.
Grabungen in China, Tibet, Rußland, Kanada und Antigua:
www.interimpact.com/expeditions/exped.html
Grabungen in aller Welt:
www.sscnet.ucla.edu/ioa/afs/testpit.html

Findige Lehrer, die hautnahen Geschichtsunterricht bieten möchten, haben die Möglichkeit, zahlreiche museumspädagogische Angebote der Ruhrgebietsmuseen zu nutzen. In Schwerte bietet Regina Loftus, Mesenbecke 3, 58239 Schwerte, praktischen Umgang mit der Altsteinzeit, den Metallzeiten und der Römerzeit an. Zum Beispiel: Höhlenmalerei mit Naturfarben, Bau von Modellen altsteinzeitlicher Behausungen, Schlagen von Feuersteinen, jungsteinzeitliche Keramik, Anbau von Urgetreide, Bau von Modellen bronzezeitlicher Grabhügel, Herstellung römischer Kleidung.
Tel.: 02304/63836
Internet: *www.rhs.schwerte.de/geschi/geschi1.htm*

Archäologen bei der Arbeit

„Lebendige Archäologie zum Anfassen“ bietet das Archäologische Freilichtmuseum Oerlinghausen. Von mittelsteinzeitlichen Korbhütten bis zum sächsischen Grubenhaus, vom Töpferofen der römischen Kaiserzeit bis zum bronzezeitlichen Totenhaus sind die Rekonstruktionen längs des Erlebnisweges zu sehen.

Archäologisches Freilichtmuseum Oerlinghausen
Am Barkhauser Berg 2-6
Tel.: 05202/2220 – Fax: 05202/2388
e-Mail: *archaeoerl@t-online.de*
Internet: *www.scriptorium.de*

Archäologischer Park Xanten
Wardter Straße 2
Tel.: 02801/2999
Öffnungszeiten: täglich 9-18 U

Museum und Park Kalkriese
Venner Straße 69 – 49565 Bramsche-Kalkriese
Ausfahrt Bramsche der A 1, Richtung Kalkriese
Tel.: 05468/92040 – Fax: 05468/920445
e-Mail: *kontakt@mupk.de*
Internet: *www.museumundpark.kalkriese.de*

1. Hagen
Tropische Insekten versanken in der Lagune von Hagen-Vorhalle

Westfälisches Museum für Naturkunde
Teile der Insektenfunde aus Hagen-Vorhalle und der Begleitfauna- und flora sind hier ausgestellt.
Sentruper Straße 285 – 48161 Münster
Tel.: 0251/59105
Öffnungszeiten: Di-So 9-18
Internet: *www.lwl.org*

In der geologischen Abteilung sind Abgüsse der Insektenfunde ausgestellt.
Fuhlrott-Museum Wuppertal
Auer Schulstraße 20
Öffnungszeiten: Di-Do 10-18 / Fr-So 11-16
e-Mail: *fuhlrott-museum@t-online.de*
Internet: *www.fuhlrott-museum.de*

3. Bottrop
Die Spur des Höhlenlöwen: Friedliches Bild aus der Weichseleiszeit

Funde eiszeitlicher Tiere sind in verschiedenen Museen des Ruhrgebietes zu sehen. Vor allem in Bottrop sind wesentliche Stücke ausgestellt und die Folgen der Eiszeiten für die Region an der Ruhr anschaulich gemacht. Vollständige Skelette von Mammut und Höhlenbär, die Dermoplastik einer Saiga-Antilope und die Fährtenplatte mit der Spur des Höhlenlöwen aus Bottrop-Welheim sind hier zu sehen.

Museum Quadrat in Bottrop
Im Stadtgarten 20
Öffnungszeiten: Di-So 10-18

Ruhrlandmuseum Essen
Goethestraße 41
Tel.: 0201/8845200
Öffnungszeiten: Di-So 10-18 / Fr bis 24
Internet: *www.ruhrlandmuseum.de*

Die Sammlungen des Emschertalmuseums in Schloß Strünkede baute der Amateurforscher Karl Brandt auf, der zahlreiche eiszeitliche Fossilien von Wirbeltieren im Emschertal ausgrub und für den Fund des größten jungsteinzeitlichen Hauses in Bochum-Hiltrup verantwortlich ist.

Emschertalmuseum in Herne
Schloß Strünkede

In der Abteilung Paläontologie des zum Emschertalmuseums gehörenden Heimat- und Naturkunde-Museum Wanne-Eickel befindet sich eine Sammlung eiszeitlicher Tiere, darunter Mammut, Riesenhirsch und Wollnashorn.
Unser-Fritz-Straße 108 – 44653 Herne
Öffnungszeiten: Di-Fr u. So 10-13 u. 14-17 / Sa 14-17

Neandertalmuseum in Mettmann
Talstraße 300 – 40822 Mettmann
Tel.: 02104/979797
Öffnungszeiten: Di – So 10-18
Internet: *www.neandertal.de*

4. Hönnetal
Im Tal der Steinzeitmenschen: Wanderungen zu den Höhlen

Die zahlreichen Zeugnisse der Menschen aus Steinzeit, Bronze- und Eisenzeit aus den Höhlen des Hönnetals sind über die ganze Welt verstreut. Doch auch die Museen in der Region zeigen Werkzeuge, Keramikgefäße, Grabstellen und Knochen der Beutetiere.

Das Westfälische Museum für Archäologie, das demnächst mitten in Herne seinen Platz finden wird, widmet den Höhlenfunden aus dem Hönnetal eine Abteilung.
Westfälisches Museum für Archäologie
Rothenburg 30 – 48143 Münster
Tel.: 0251/5907298
Öffnungszeiten: Di-So 10-18
Internet: *www.lwl.org*

Museum für Kunst- und Kulturgeschichte in Dortmund
Hansastraße 3
Tel.: 0231/5025522
Öffnungszeiten: Di-So 10-17
Internet: *www.ruhrerlebnis.de*

Museum Quadrat in Bottrop
Im Stadtgarten 20
Öffnungszeiten: Di-So 10-18

Im Burgmuseum von Hohenlimburg steht die Rekonstruktion eines eisenzeitlichen Steinkistengrabes aus der Karhofhöhle im Hönnetal.

Burgmuseum Hagen-Hohenlimburg
Alter Schloßweg 30
Tel.: 02334/2771
Öffnungszeiten: Mi-Fr 18-23 / Sa-So 12-15 u. 18-23
Internet: *www.kinderausflug.de*

Die bedeutendsten Sammlungen zur Vor- und Frühgeschichte der Höhlen und zur Geologie des Hönnetals sind im Städtischen Museum in Menden zu sehen, welches offensichtlich nicht mehr die Aufmerksamkeit der Betreiber bekommt, die es vom Wert der Sammlungen her gesehen verdient.
Städtisches Museum für Stadt- und Kulturgeschichte in Menden
Marktplatz 3
Tel.: 02373/903451
Öffnungszeiten: nach Vereinbarung

Internet: *www.neandertal.de*
Auf den Internetseiten des Neandertalmuseums in Düsseldorf gibt es aktuelle Hinweise zur Neandertalforschung, Publikationstips, Veranstaltungshinweise und außerdem einen virtuellen Museumsrundgang.

5. Essen und Bochum Jäger von Vogelheim: Die ersten Menschen im Ruhrgebiet und der Archäologische Pfad in Essen

Die berühmte Vogelheimer Klinge, der älteste Beweis für die Anwesenheit von Menschen in Nordrhein-Westfalen, wird im Ruhrlandmuseum in Essen ausgestellt. Dieses Museum zeigt auch das Modell eines jungsteinzeitlichen Hauses, das nach den ergrabenen Grundrissen in Bochum-Hiltrup rekonstruiert wurde.

Ruhrlandmuseum Essen
Goethestraße 41
Tel.: 0201/8845200
Öffnungszeiten: Di-So 10-18 / Fr bis 24
Internet: *www.ruhrlandmuseum.de*

Archäologische Pfade in Essen und Essen-Werden
Weil die intensive stadtarchäologische Forschung in Essen und in Essen-Werden viele verloren geglaubte Zeugnisse der Stadtgeschichte durch Ausgrabungen und Baustellenuntersuchungen wiederentdeckte, kann anhand von Hinweistafeln auf Archäologischen Pfaden in Essen-City und in Essen-Werden die Stadthistorie erschlossen werden.

6. Duisburg
Archäologen gaben Duisburg seine Geschichte zurück

Archäologische Zone, Rekonstruktionen mittelalterlicher Markthallen und aufgelassene Grabungsflächen erinnern an die Ausgrabungen auf dem Alten Markt in Duisburg in direkter Nähe von Rathaus und Salvatorkirche.

Die zahlreichen Funde der stadtarchäologischen Forschung zeigt das
Kultur- und Stadthistorische Museum Duisburg
Johannes-Corputius-Platz 1
Tel.: 0203/2832640
Internet: *www.kulturraum-niederrhein.de*

7. Dortmund
Bauern und Schmiede entdeckten ihre Vorliebe für den Hellweg: Siedlungskammer von der Steinzeit bis heute

Museum für Kunst- und Kulturgeschichte in Dortmund
Hansastraße 3
Tel.: 0231/5025522
Öffnungszeiten: Di-So 10-17
Internet: *www.ruhrerlebnis.de*

8./9. Xanten
Römische Großstadt am Rhein
mit Forum und Capitol

Virtueller Spaziergang durch die römische Stadt Colonia Ulpia Trajana (Xanten)
Internet:
www.bauwesen.uni-dortmund.de/forschung/xanten/german/xanten_stadtplan.html

Der Archäologische Park bietet Besuchern einen besonderen Service, um archäologische Forschung intensiv kennenzulernen. Dazu gehören: Führungen durch den Park, Grabungsführungen, besondere Aktionen an den „Römischen Sonntagen", Speisen wie Apicius in der Römischen Herberge und vieles mehr. Informationen:
Touristinformation Xanten
Tel.: 02801/772298 – Fax: 02801/772209

Regionalmuseum Xanten
Kurfürstenstraße 7-9
Tel.: 02801/71940 – Fax: 02801/712149
Öffnungszeiten: Di-Fr 9-17 / Sa/So/Feiertage 11-18

Archäologischer Park
Wardter Straße 2
Tel.: 02801/2999
Öffnungszeiten: täglich 9-18

Parkverwaltung u. Wissenschaftlicher Dienst
Trajanstraße 4
Tel.: 02801/7120 – Fax: 02801/712149

10. Dorsten und Bergkamen
Römische Invasoren an Lippe und Emscher

Römische Abteilung des
Stadtmuseums Bergkamen
Jahnstraße 31 – Museumsplatz
Tel.: 02306/8676 – Fax: 02306/84701
Öffnungszeiten: Fr-Sa 14-17 / So 11-18 /
Di u. Do 10-12 u. 14-17

11. Haltern
Von Haltern aus sollte Germanien zur römischen Provinz werden

Das Römermuseum Haltern steht auf dem Areal der ehemaligen römischen Militärlager. Es zeigt Funde aus sämtlichen römischen Lippe-Stützpunkten und wartet mit eine Reihe von interessanten Aktionen für Schulen und Besucher auf. Eine Attraktion sind die alljährliche stattfindenden Römertage mit Vorführungen in antiken Gewändern.

Westfälisches Römermuseum Haltern
Weseler Straße 100
Tel.: 02364/93760
Öffnungszeiten: Di-Fr 9-17 / Sa u. So 10-18

12. Haltern und Kalkriese
Die 19. Legion aus Haltern und die 18. Legion aus Xanten zogen mit Varus in die Schlacht

Am vermutlichen Schauplatz der Varusschlacht bei Kalkriese nördlich von Osnabrück richteten Wissenschaftler und Tourismusexperten ein Museum und einen archäologischen Park ein. An der Auseinandersetzung 9 n. Chr. waren Legionen aus Xanten und Haltern beteiligt. In dem Park kann der

Besucher auf Pfaden der Germanen den Wald durchstreifen oder auf einem Plattenweg der Marschroute der Römer folgen. Grabungsschnitte informieren über die Arbeit der Archäologen, und an vielen Stellen sind Informationstafeln angebracht. Das Museum im Park zeigt die sensationellen Funde von Kalkriese.
Museum und Park Kalkriese
Venner Straße 69 - 49565 Bramsche-Kalkriese
Ausfahrt Bramsche der A 1, Richtung Kalkriese
Tel.: 05468/92040 - Fax: 05468/920445
e-Mail: *kontakt@mupk.de*
Internet: *www.museumundpark.kalkriese.de*

13. Castrop-Rauxel und Witten Germanische Händler auf dem Zechengelände: Bergbau besaß einen religiösen Ursprung

Funde aus der Grabung in Castrop-Rauxel sind zu sehen im Westfälischen Museum für Archäologie
Rothenburg 30 - 48143 Münster
Tel.: 0251/5907298
Öffnungszeiten: Di-So 10-18

Zum Thema Bergbau informiere man sich an folgenden Plätzen:
Bergbaupfad Muttental und Zeche Nachtigall
Nachtigallstraße - 58452 Witten
Tel.: 0231/69610
Öffnungszeiten:
1. - 31.10., Sa 14-18, So 11-18

Deutsches Bergbaumuseum Bochum

14. Streifzug durch die Antike mitten im Ruhrgebiet: Die Sammlungen in Essen, Bochum und Hamm

Museen mit außergewöhnlichen antiken Sammlungen im Ruhrgebiet:

Hamm:
Gustav-Lübke-Museum
Neue Bahnhofstraße 9
Tel.: 02381/175700
Öffnungszeiten: Di-So 10-18 / Mi bis 20

Archäologisches Museum im Ruhrlandmuseum Essen
Goethestraße 41
Tel.: 0201/8845200
Öffnungszeiten: Di-So 10-18 / Fr bis 24
Internet: *www.ruhrlandmuseum.de*

Kunstsammlungen der Ruhr-Universität Bochum
Universitätsstraße
Tel.: 0234/7004738
Öffnungszeiten: Di-Fr 12-15 / Sa-So 10-18

Allgemeine Informationen zu den Stätten römischer Geschichte im Ruhrgebiet

Bikerspaß auf den Spuren der römischen Legionen

Auf den Spuren der römischen Legionen läßt sich wandern und radfahren. Am Weg liegen Militärlager und Museen, in denen Funde aus dem Alltagsleben der Römer und der Germanen ausgestellt sind. Besonders spannend sind die authentischen Orte. Einmal absteigen und den Archäologen über die Schulter schauen, ist ein Freizeiterlebnis der besonderen Art. Alles möglich im Ruhrgebiet. Die Tour von Xanten in Richtung Osten bis Detmold verfolgt ziemlich genau die Einfallsroute der Truppen des Kaisers Augustus in das rechtsrheinische freie Germanien. In Richtung Westen führt ebenfalls von Xanten aus die „Via Romana" bis Nimwegen in die Provinz Germanien. Sie folgt der antiken Limesstraße und bietet auf 260 Kilometern aktives Freizeit- und Kulturvergnügen.

Die Zeit, in der der linke Niederrhein romanisiert und der rechte Niederrhein und die Bewohner der Landschaften in Richtung Haltern den Romanisierungsbewegungen trotzten, wird auf diesen Touren lebendig.

Die Römerstraße von Xanten in Richtung Detmold folgt in etwa der Bundesstraße 61. Ausführliches Kartenmaterial für Radfahrer und Wanderer gibt es beim Arbeitskreis Römerroute. In der Colonia Ulpia Trajana (CUT) beginnt die Tour. In der von Kaiser Trajan gegründeten römischen Stadt südlich des heutigen Xanten wird immer noch ausgegraben. Im Sommer sind die Archäologen ständig bei der Arbeit, und Besucher haben die Möglichkeit, die Ausgrabung von Wohnvierteln und anderen Anlagen mitzuerleben. Im Regionalmuseum in Xanten sind die Einzelfunde aus römischer Zeit ausgestellt. Nicht weit von Xanten entfernt kann man am Fürstenberg in der Landschaft die Reste des Militärlagers Vetera erkennen. Vetera besaß ein eigenes Amphitheater, in dem heutzutage eine Freilichtbühne Vorstellungen gibt.

Das ergrabene Lager Dorsten-Holsterhausen hat in der Landschaft keine Spuren hinterlassen, dafür muß der Reisende in die Römerzeit einen längeren Aufenthalt in Haltern einplanen. Dieser zentrale Ort der römischen Okkupation zur Zeit des Kaisers Augustus bietet im Westfälischen Römermuseum eine komplette Übersicht. Funde aus sämtlichen Militärlagern der römischen Zeit sind hier in einem Neubau ausgestellt. 1993 öffneten sich die Pforten des futuristisch anmutenden Baus, dessen gegliedertes Dach die Form römischer Militärzelte nachempfindet. Das Museum steht auf dem Gelände des Militärstützpunktes, und der Besucher betritt es über eine kleine Brücke, die über den wiederhergestellten Spitzgraben eines älteren Marschlagers führt. Drinnen findet er übersichtlich und klar gegliedert den Zeitabschnitt von 16 v. Chr. bis 9 n. Chr. Originalfunde und Modelle der militärischen Bauten weisen ihm den Weg durch die längst vergangene Zeit, in der Haltern in der Hauptstadt der damals bekannten Welt, in Rom, ein fester Begriff war.
In Lünen und Bergkamen hat der Reisende die Möglichkeit, den Ort der römischen Hafenanlage an der Lippe, den Marinestützpunkt Beckinghausen, aufzusuchen. Eine Erinnerungstafel weist auf den geschichtsträchtigen Ort hin. Beckinghausen gehörte zum Militärstützpunkt Oberaden in Bergkamen. Zwischen 11 und 8 v. Chr. lagen hier römische Truppen und es gilt als sicher, daß der Stiefsohn des Augustus, Drusus, in Oberaden anwesend war. Die archäologischen Forschungen auf dem Gelände dauern an. Im Stadtmuseum können ein Modell des Lagers und eine Reihe von Einzelfunden besichtigt werden.
Auf der Römerroute, die bis Detmold führt, verläßt der Reisende das Ruhrgebiet und nähert sich Delbrück-Anreppen. Im Ortsteil Anreppen graben Archäologen in einem weiteren römischen Lippelager, das 9 n. Chr. aufgelöst wurde.
In Detmold selbst grüßt von weitem der „Hermann“, der eigentlich Arminius hieß und als germanischer Heerführer die römische Rheinarmee schlug. Das Hermannsdenkmal weist nicht den Ort der Schlacht aus. Diskutiert wird derzeit, ob das Ereignis in Kalkriese, nördlich von Osnabrück, stattfand.
Um zur Kalkriese-Grabung zu gelangen, benutzt man am besten das Auto und fährt über die A 1 bis zur Ausfahrt Bram-

sche, dann in Richtung Engter-Kalkriese. Hinweisschilder zum Informationszentrum weisen den Weg. Das Zentrum ist auf dem Gelände eines Bauernhofes eingerichtet. Ein Modell zeigt die Situation um 9 n. Chr. in der Varusschlacht. Kopien der Originalfunde ergänzen das anschauliche Kartenmaterial. Wer die Originale sehen will, muß ins Museum nach Osnabrück fahren, wo sich die bekannte Reitermaske befindet. Die Via Romana auf der historischen Limesstraße führt von der Colonia Ulpia Trajana (Xanten) bis zur Ulpia Noviomagus Batavorum (Nimwegen). Auf der Strecke verlief der niedergermanische Limes, die durch Palisaden und Türme befestigte Grenze des römischen Imperiums gegen die aufmüpfigen Germanen auf der anderen Rheinseite. Die Route ist hervorragend gekennzeichnet.

Hinweise:
Projektbüro „Via Romana" in Bedburg-Hau,
Kalkarer Straße 19,
Tel.: 0281/66063,
Internet: *www.bedburg-hau.de/romana.htm*

Arbeitskreis Römerroute, Infos bei Münsterland-Touristik
Hohe Schule 13 - 48565 Steinfurt
Tel.: 02551/939291 - Fax: 02551/939293

Ausführliche Informationen mit Streckenbeschreibungen, Sehenswürdigkeiten und Gaststätten am Weg, die Gerichte nach antiken Rezepten anbieten, gibt es im Internet unter:
www.roemerroute.de
www.wesel.com

Über die Römer in Deutschland hält das Internet ausführliche und übersichtliche Informationen bereit. Die Internet-Adresse für provinzialrömische Archäologie in Deutschland:
www.lateinforum.de/roemer.htm

Personen und Begriffe

Amphitheater Von den Römern eingeführter Bau, der auf der Tradition der Theaterbauten fußt. Eine Arena wurde vollständig umbaut. Die frühen Amphitheater besaßen Holzumbauten. Später verwendete man für die stufig angelegten Sitzreihen Stein.

Amphore Zweihenkeliges, bauchiges Vorratsgefäß für Wein, Öl, Saucen, Getreide, Fische und ähnliche Waren.

Arena Ein mit Sand bestreuter ovaler oder runder Spielplatz im Amphitheater. Auch die Rennbahn im Circus wurde so genannt.

Arminius Sohn des Stammesfürsten Sigimer. Führte römische Hilfstruppen, vermutlich Cherusker, in den Kriegen in Thrakien und Armenien. Erlangte den Rang eines römischen Ritters. Seine Frau Thusnelda und sein Sohn gerieten in römische Sklaverei, er selbst wurde von Verwandten erschlagen. Führte 9 n. Chr. germanische Stammesverände gegen drei römische Legionen unter Varus und beendete die viertägige Schlacht siegreich.

Asciburgium Römisches Kastell am Niederrhein. Ein Auxiliarkastell liegt auf der Grenze von Moers-Asberg und Duisburg. Der Nachweis dieses Kastells gelang dem Duisburger Archäologen Tilman Bechert. Die Anlage liegt der Mündung der Ruhr gegenüber, einem strategisch wichtigen Punkt des Imperium Romanum. Auxiliarsoldaten waren Legionäre nichtrömischer Herkunft in römischen Diensten.

Aufanische Matronen Die Römer brachten zwar ihre eigenen Götter in das Rheinland mit, sie achteten aber auch die ihnen fremden germanischen Götter und romanisierten den Kult. Der Name Matrone kommt vom römischen „Matrones“ und meint hochgeachtete , verheiratete Frauen, die dem Haushalt vorstanden. Der Beiname „Aufanische“ bezeichnete ihre lokale Zugehörigkeit zu einem Kult, der in diesem Fall in der Köln-Bonner-Bucht verbreitet war. Die Bedeutung des Beinamens könnte die „Bereichernden“ oder die „Mehrenden“ bedeuten. Aufanische Matronen werden in der Regel sitzend zu dritt dargestellt. Die beiden äußeren Frauen tragen Hauben, während die mittlere mit offenem Haar und Scheitelzopf als unverheiratet gekennzeichnet ist. Alle drei tragen Körbe mit Früchten auf dem Schoß.

Aufschluss Natürliche und künstliche Stellen in der Landschaft, in der Gesteinsschichten zu sehen sind.

Aurei Goldmünzen, seit Cäsar Einheit der römischen Goldprägung im Werte von 25 Denaren.

Auxiliareinheiten Römische Einheiten, die aus nichtrömischen Bürgern zusammengesetzt waren.

Bataver Germanische Stamm an der Rheinmündung, seit dem 1. Jh. zu Rom gehörend. Der furchtbare Bataveraufstand, in dessen Verlauf das Xantener Lager Vetera zerstört wurde, bildete in den Beziehungen zu Rom die Ausnahme.

C-14-Analyse Radiokohlenstoff-Methode zur Altersbestimmung organischer Stoffe. Basiert auf den Zeiten des Zerfalls des sogenannten Kohlenstoffs 14 (besteht aus 14 Teilchen). Aus der Anzal der Zerfälle pro Zeiteinheit kann der Wissenschaftler den Anteil der noch unzerfallenen Atome exakt ermitteln. Immer, wenn ein Lebenwesen stirbt, beginnt die Kohlenstoff-Stoppuhr zu laufen.

Cäsar 100 v. Chr. geb. und am 15. März 44 v.Chr. durch Angehörige des Senats im Pompeiustheater in Rom ermordert. Profilierte sich durch mehrere Feldzüge, unter anderem durch die Eroberung Galliens von 58 - 51 v. Chr. Cäsar war ein Mann umfassender literarischer Bildung. Sein „De bello Gallico" lieferte den Historikern Kenntnisse der keltischen und germanischen Stämme.

Carrara-Marmor In der Nähe der oberitalienischen Stadt Carrara schon in der Antike gebrochener Marmor.

Cassius Dio Historiker aus Nikaia in Bithynien (Kleinasien), 162/162 n. Chr. geboren. Das Todesjahr ist nicht bekannt. Gesamtdarstellung der Geschichte Roms in 80 Büchern., die nur lückenhaft überliefert sind. Auf welche Quellen er sich stützte, ist nicht bekannt.

Centurio Der Centurio führte die kleinste Einheit der römischen Legion. Sie hatten im Kampf die wichtigste untere taktische Funktion.

Cherusker Germanischer Stammesverband im Bereich der Mittelweser.

Colonia Ulpia Trajana Römische Bezeichnung der antiken Stadt in unmittelbarer Nachbarschaft des heutigen Xanten. Durch Kaiser Trajan gegründet und mit römischem Recht versehen.

Daker — Volk zur römischen Zeit auf dem Gebiet des heutigen Siebenbürgen. Die entsprechende römische Provinz hieß Dakien.

Denar — Die nach dem 2. Punischen Krieg (212-211) eingeführte Hauptsilbermünze Roms.

Dendrochronologie — Zeitbestimmung aufgrund der Jahresringe lebender, abgestorbener oder fossiler Bäume. Gleichzeitig gewachsene Bäume einer Art und eine Klimazone können auf Grund ihres Steckbriefes, nämlich auf Grund übereinstimmender Jahresringfolgen, von allen anderen Bäumen herausgefunden und vom Alter her genau bestimmt werden. Jahresringkalender umfassen inzwischen etwa 10.000 Jahre.

Devon — Erdzeitalter, 1839 nach der Grafschaft Devonshire im SW-England benannt, dauerte von 400 - 360 Millionen Jahre vor unserer Zeit.

Dioskuren — Die Söhne des Zeus, Kastor und Polydeukes. Kastor galt als berühmter Rossebändiger. Beide galten als Helfer in der Not, besonders in Seenot.

Drusus — Stiefsohn des Augustus, 38 - 9 v. Chr. Seit dem Jahre 13 v. Chr. Oberbefehlshaber der römischen Truppen am Rhein. Expansionszüge in die Gebiete westlich des Rheins. Während eines Rückmarsches von der Elbe im Jahre 9 v. Chr stürzte er vom Pferd und starb an den Folgend der Verletzungen.

Erdaltertum — auch Paläozoikum genannt, umfaßt die Formationen Kambrium - Perm

Eiszeitmuseen — Museen, in denen hauptsächlich Funde der Quartärzeit (2,5 Millionen Jahre bis heute) zu sehen sind. Das Quartär war die Zeit der großen Vereisungen, als Gletscher aus Skandinavien auch Mitteleuropa erreichten.

Fibel — Einfache bronzezeitliche Nadel, die durch den Stoff gesteckt und mit einem Draht gesichert wurde, einer heutigen Sicherheitsnadel ähnlich. Seit der späten Bronzezeit entwickelte sich aus der einfachen Fibel ein repräsentatives Schmuckstück.

Flavisches Amphitheater — Das berühmte Amphitheater der Stadt Rom, heute Colosseum genannt. Zur römischen Zeit hieß es Flavisches Amphitheater, weil es von Kaiser Vespasian aus dem Geschlecht der Flavier 70/80 n. Chr. erbaut wurde. Es diente zu Gladiatorenspielen und

Tierhatzen. Allen Legenden zum Trotz gibt es keine Belege dafür, daß im Colosseum Christen wilden Tieren vorgeworfen wurden.

Franken Westgermanischer Volksstamm, im 3. Jh. unmittelbar östlich des Niederrheins erwähnt. Einzelheiten sind über die Franken vor 355 nicht überliefert. Sie bedrängten maßgeblich die Provinzen am Rhein und vertrieben die Römer. Der erste bekannte König hieß Chlodio, ein anderer Merowech, der der merowingischen Dynastie den Namen gab.

Germania Schrift des Tacitus über die germanischen Stämme, vermutlich 98 n. Chr. in Rom veröffentlicht. Viele Kenntnisse um die Germanen bezogen und beziehen Historiker aus dieser Schrift.

Germanicus 15 v. Chr. als Sohn des Drusus geboren. Starb mit 19 Jahren an einer rätselhaften Krankheit in Antiochia. Er war ein Neffe des Kaisers Tiberius. Half die Meuterei der Truppen im Lager Vetera beim heutigen Xanten niederzuschlagen. Für seine Feldzüge in das Innere Germaniens erhielt er einen Triumphzug in Rom.

Göpel Von Menschen oder Zugtieren gedrehtes Rad, über das eine Haspel bewegt wurde. Die Haspel entrollte oder rollte ein Seil auf, so dass Lasten von unten nach oben oder oben nach unten geschafft werden konnten.

Halternhorizont Es gibt einen Grabungshorizont, den die Archäologen den „Halternhorizont" nennen, nach dem diesseits und jenseits der Alpen alle Fundorte der augusteischen Zeit eingeordnet werden können.

Höhlenlöwe Während der Eiszeiten in unseren Breiten vorkommende, heute ausgestorbene Löwenart, deren Fährten und Knochen in Bottrop gefunden wurden.

Holozän Untergliederung des Quartärs; Erdzeitalter der Vereisungen.

Horizontiert aufsammeln Können Fossilien (Überreste vorzeitlicher Lebewesen) horizontiert aufgesammelt werden, also den Schichten entnommen werden, in denen sie abgelagert wurden, ist eine ziemlich genaue zeitliche Zuordnung der Funde möglich.

Internationale Bauausstellung Emscher-Park Von der Landesregierung Nordrhein-Westfalen ins Leben gerufene Institution, die sich der Revitalisierung des Emscher-Raumes annahm.

Juno, Jupiter und Minerva
Römische Hauptgöttinnen, die auf dem Capitol in Rom verehrt wurden. Jupiter ist der Gott des leuchtenden Himmels. Ihm waren die Iden geweiht, jene Tage, an denen der Vollmond der Sonne folgt, so dass die Nacht taghell bleibt. Er galt als der Schutzherr der Römer. Juno wurde der griechischen Göttin Hera gleichgestellt und war die Schutzgöttin der Geburt und Fruchtbarkeit. Minerva war die Schutzgottheit Roms und die Schirmherrin des Handwerks. Sie wurde sehr früh der Athene gleichgestellt. Alle drei Götter zusammen bildeten die capitolinische Trias.

Jupiter
siehe Juno...

Karbon
Erdzeitalter, lateinisch *carbo* = Kohle; Steinkohlezeitalter, 360 bis 290 Millionen Jahre vor unserer Zeit.

Knochenkiese
Schicht unter den Schneckensanden, die - wie es der Name sagt - zahlreiche Knochen von eiszeitlichen Wirbeltieren enthielt.

Korinthische Kapitelle
Säulenabschluß, der auf die griechischen ionischen Kapitelle zurückzuführen ist, bzw. eine Variante bildet. Die Grundform bildet ein nach oben ausschwingender Korb, der von 1-2 Reihen Akanthusblättern umkränzt wird, zwischen denen aus Blatthülsen Volutenranken hervorsprießen. Der Akanthus ist eine Pflanze des Mittelmeerraumes, kräftig, hoch, eine distelähnliche Staude.

Legionsadler
Feldzeichen der römischen Legionen, die die Buchstaben „S.P.Q.R“, Senatus Populusque Romanus, Senat und Volk von Rom, in alle Welt trugen. Germanicus hat bei seinen Feldzügen die verloren gegangenen Feldzeichen der Legionen der Varusschlacht zurückerobert.

Leitammonit
Ammoniten bilden eine außerordentlich vielfältige Ordnung der Cephalopoden, Kopffüßer. Es waren tintenfischähnliche Meeresbewohner, die ihren Weichkörper durch ein in einer Ebene spiralig aufgerolltes Gehäuse schützten. Findet man bestimmte Ammoniten-Arten in einer Gesteinsschicht, kann man diese Schicht zeitlich einordnen. Man spricht dann von Leitammoniten.

Linienbandkeramiker
Die älteste volljungsteinzeitliche Kultur Mitteleuropas (5800 - 4500) benannt nach den mit linearen Bandmustern verzierten Tongefäßen, auch Band-

keramische Kultur, Bandkeramik oder Linearkeramik genannt. Aus den Ursprungsgebieten in den Karparten breiteten sich die Linienbandkeramiker nach Norden und Westen aus und erreichten gegen 4500 v. Chr. das Pariser Becken. Vorzugsweise siedelten sie auf Lößböden oder Schwemmlandzonen der Flüsse entlang der Talauen.

Luft- u. Magnetometermessungen Teil der Prospektion durch Luftaufnahmen oder geophysikalische Messung des Untergrundes. Menschliche Eingriffe in den Boden verändern die oberen Erdschichten und damit die elektrischen und magnetischen Eigenschaften. Diese Veränderungen sind technisch meßbar und liefern den Archäologen wichtige Daten zur Auffindung eines oberirdisch nicht mehr sichtbaren Bodendenkmals.

Marcus Vipsanius Agrippa Jugendfreund des Kaisers Augustus, 64 oder 63 v. Chr. geboren. Er war Statthalter der Provinz Gallia Cisalpina, befriedete von Köln aus die Ubier und hielt sich für längere Zeit bei der Rheinarmee in Niedergermanien auf.

Michelangelo Michelangelo Buonarroti, am 6. März 1475 geboren, Bildhauer, lebte in Florenz und Rom. Architekt von St. Peter in Rom. Sein wohl bekanntestes Werk sind die Malereien in der Sixtinischen Kapelle des Vatikan.

Minerva siehe Juno…

Namur B Abschnitt des oberen Karbons, benannt nach der französischen Stadt Namur.

Novaesium Römische Bezeichnung eines beim heutigen Neuss gelegenen Militärlagers.

Octavian Nach der Ermordung Cäsars als Nachfolger benannt. Führte durch militärische Entscheidungen gegen seinen Widersacher Antonius seine Linie zum Erfolg und ließ sich zum Kaiser krönen. Er erhielt den Beinamen „Augustus“, der Erhabene, und schickte sich an, die Gebiete rechts des Rheins in eine Provinz zu verwandeln.

Pantheon Tempel zur Verehrung aller Götter. Das Pantheon in Rom, vom Cäsar-Freund Agrippa erbaut, ist eines der besterhaltenen Gebäude der römischen Antike. Agrippa begann den Bau im Jahr 27 v. Chr. und Handrian vollendete ihn zwischen 117 und 125 n. Chr. Die Fortführung des Radius der Kuppel des Pantheon ergibt einen Kreis, der den Boden berührt.

Papyrus Der Beschreibstoff der Antike, gewonnen aus dem Mark der Papyrusstaude und durch Aneinanderkleben feiner Streifen in zwei senkrecht zueinander stehenden Lagen gefertigt.

Pfostenlöcher Bei der Holzbauweise von Hütten und Häusern wurde seit der Jungsteinzeit eine Art Ständerwerk errichtet. Senkrecht in den Boden gruben die Erbauer Rundhölzer, deren Existenz durch dunkle Verfärbung des Boden die Pfostenlöcher erkennen läßt. „Nichts ist so dauerhaft wie ein Loch", sagte der Archäologe Carl Schuchardt

Planum Ausgrabungsmethode, bei der die Schnittfläche ohne Berücksichtigung der tatsächlich anzutreffenden Erdschichten auf eine bestimmte, vorgegebene Höhe, eingeebnet wird. Im Gegensatz dazu steht die Reliefmethode, die einzelne Erdschichten unterscheiden läßt. Ziel der Reliefmethode ist es, den Verlauf jeder einzelnen Schicht exakt freizulegen. Im Gegensatz zur Planum-Methode entstehen dabei sehr unebene Oberflächen.

Pleistozän Untergliederung des Quartärs; Erdzeitalter der Vereisungen.

Portikes Säulenhalle; überdachter Vorbau, dessen Dach durch Säulen getragen wurde.

Prospektierung Prospektion Geländebegehung, Luftbilduntersuchungen und geophysikalische Messungen in der Archäologie, also die Tätigkeiten vor der eigentlichen Grabung.

Provinzialrömische Archäologie Der Zweig der Archäologie, der sich mit den römischen Provinzen beschäftigt. In Deutschland entwickelt. Für die provinzialrömische Archäologie spielten die Arbeiten im Römerlager Haltern eine wichtige Rolle.

Publius Quinctilius Varus Stammte aus altpatrizischer Familie und war ein Verwandter des Augustus. Hatte 13 v. Chr. das Konsulat inne, war Statthalter in Africa, dann in Syrien, wo er sich bei der Niederschlagung der nach dem Tode des Herodes in Palästina ausgebrochenen Unruhen bewährte. Unter seiner Statthalterschaft wurde mir großer Wahrscheinlichkeit Jesus geboren. Anfang des Jahres 7 n. Chr. übernahm Varus das Kommando der römischen Rheinarmee. 9 n. Chr., nach der verlorenen Schlacht gegen germanische Stammesverbände unter Arminius, nahm er sich das Leben.

Romulus und Remus	Romulus ist nach der Romsage der Gründer der Stadt. Gemeinsam mit seinem Bruder Remus wird er von einer Wölfin gesäugt. Er erschlägt seinen Bruder und errichtet auf dem Palatin die Keimzelle des späteren Rom.
Rössener Kultur	Kultur der Jungsteinzeit (4600 - 4300), benannt nach der Fundstelle des Ortsteils Rössen von Leuna bei Merseburg. Von den Linienbandkeramikern unterscheidet sie sich vor allem durch die Verzierung und Form der Tongefäße und durch die Grundrisse der Häuser.
Schneckensande	Eiszeitliche Ablagerungen der Weichseleiszeit, in denen Gehäuseschnecken sehr zahlreich vorkommen.
Senat	In der römischen Königszeit der Rat der Alten, der besonderen Häupter der Adelsgeschlechter. Während der Republik war der Senat maßgebendes Verfassungsorgan. In der Kaiserzeit spielte er eine unselbständige Rolle und verlor jeglichen Einfluß auf Außenpolitik und Kriegführung.
Spinnwirtel	Rundes, halbkugeliges oder scheibenförmiges, zentrisch durchlochtes Gewicht aus Stein, Knochen oder Ton mit einem Durchmesser von etwa 1,5 - 5 Zentimetern. Der Wirtel wird auf die Spindel, einen konisch zulaufenden Holzstab, aufgesetzt und erleichtert durch sein Gewicht die Drehbewegung, die erforderlich ist, um aus der Rohwolle Garn zu spinnen.
Spitzgraben	Die Gräben der Befestigungsanlagen um die römischen Militärlager hatten die Form eines auf den Kopf gestellten Dreiecks. Vor dem Römermuseum in Haltern ist ein solcher Spitzgraben erhalten geblieben.
Stampflehmwände	Aus gestampftem Lehm befestigte Böden von Wegen und Häusern. Der gestampfte Lehm wurde auch für den Putz der Flechtwände gebraucht.
Suchschnitte	Wird im Gelände ein Bodendenkmal vermutet, müssen ein oder mehrer Suchschnitte in den Boden gelegt werden, um auf Spuren des vermuteten Denkmals zu stoßen.
Sueton	Römischer Biograph, lebte in der ersten Hälfte des 2. Jahrhunderts n. Chr., zeitweilig begleitete er den Kaiser Trajan. Seine Hauptwerk sind die Kaiserbiographien, in denen er zwölf Kaiser porträtierte.

Sugambrer, Usipeter u. Tenkterer	Germanische Stammesverbände rechts des Rheins
Tacitus	Wahrscheinlich 55 n. Chr. in Rom geboren, entstammte einer Familie der Provinz Gallia cisalpina (heutiges Ligurien). Mit der Tochter des Consuls Agricola verheiratet. Römischer Aristrokrat und Historiker.
Tenkterer	siehe Sugambrer
Tiberius	Stiefsohn des Augustus, von 14 bis 37 n. Chr. römischer Kaiser und Nachfolger des Augustus. Unter seinem Oberbefehl in Niedergermanien wurden 40.000 Sugambrer und Sueben von der westlichen auf die östliche Rheinseite umgesiedelt.
Trajanssäule	113 n. Chr. auf dem Trajansforum in Rom aufgestellte Säule mit sprialförmig um die Säule gelegtem Reliefband, das die Feldzüge des Kaisers Trajan gegen die Daker darstellt. Der Sockel enthielt die Urne mit der Asche des verstorbenen Kaisers.
Usipeter	siehe Sugambrer
Velleius Patercullus	Römischer Geschichtsschreiber, geb. ca. 20 v. Chr. Offizier in der römischen Armee. Er nahm an den germanisch-pannonischen Feldzügen des Tiberius teil.
Vetera	Bedeutendes römisches Militärlager aus der Zeit des Augustus, am Rhein in der Nähe von Xanten gelegen. Archäologen unterscheiden Vetera I und Vetera II. Vetera I auf dem Fürstenberg gelegen wurde während des Bataveraufstandes zerstört und in der Nähe der heutigen Bislicher Insel wieder aufgebaut (Vetera II).
Veteranen	Aus der römischen Armee ausgeschiedene Soldaten, die die ausdrückliche Fürsorge des Staates genießen sollten. Veteranen erhielten häufig Siedlungsrecht in den Provinzsstädten und bildeten dort die führende Schicht des Bürgertums.
Via Appia	Eine der ältesten römischen Konsularstraßen, gebaut unter dem Censor Appius, der sie 312 v.Chr. von Rom bis Capua führte. Um 190 v. Chr. wurde die Via Appia bis Brindisi verlängert.
Wachstafeln	Schreibtafeln, deren von einem erhöhten Rand umgebene Holzfläche zumeist mit schwarzem Wachs ausgefüllt war. Mit dem Stilus konnte man auf der

Wachstafel schreiben, die Schrift aber auch wieder löschen.

Weichseleiszeit Es gab während des Quartärs mindestens drei Eisvorstöße von Skandianvien nach Süden: Elster-, Saale- und Weichseleiszeit.

Bildnachweis

Die Fotos stellten freundlicherweise zur Verfügung: Landschaftsverband Westfalen-Lippe, die Stadtarchäologien in Duisburg, Essen und Dortmund, Ruhrlandmuseum in Essen, Landschaftsverband Rheinland (Archäologischer Park Xanten), Museum Quadrat in Bottrop, Michael Jostmeier (Kalkriese) Die Zeichnungen stammen von Carsten Brauckmann (Insekten) und G. Lemmen (Hausrekonstruktion Angerbogen).